ନିଃଶବ୍ଦ ନିନାଦ

ନିଃଶବ୍ଦ ନିନାଦ

ଭରତ ବେହେରା

ବ୍ଲାକ୍ ଈଗଲ୍ ବୁକ୍ସ
ଭୁବନେଶ୍ୱର, ଓଡ଼ିଶା

BLACK EAGLE BOOKS
Dublin, USA

BLACK EAGLE BOOKS
USA address:
7464 Wisdom Lane
Dublin, OH 43016

India address:
E/312, Trident Galaxy, Kalinga Nagar,
Bhubaneswar-751003, Odisha, India

E-mail: info@blackeaglebooks.org
Website: www.blackeaglebooks.org

First International Edition Published by
BLACK EAGLE BOOKS, 2022

NISHABDA NINADA
by **Bharat Behera**

Copyright © **Bharat Behera**

All rights reserved. No part of this publication may be reproduced, stored in a retrieval system, or transmitted, in any form or by any means, electronic, mechanical, photocopying, recording or otherwise without the prior permission of the publisher.

Cover & Interior Design: Ezy's Publication

ISBN- 978-1-64560-301-6 (Paperback)

Printed in the United States of America

ଉତ୍ସର୍ଗ

ସମ୍ବେଦନଶୀଳ ସ୍ରଷ୍ଟା, ପ୍ରାବନ୍ଧିକ
ପ୍ରଫେସର ଡକ୍ଟର ବ୍ରଜ ମୋହନ ମିଶ୍ରଙ୍କୁ...

ଅଗ୍ରଲେଖ

ଏବର ସମୟ ଖଣ୍ଡରେ କବିତାର ପ୍ରଧାନ ଉତ୍ସ ହେଉଛି ମଣିଷ। ସେହି ମଣିଷ ନିତିଦିନ କେତେ କେତେ ସୁଖ ଦୁଃଖ, ହାନିଲାଭ, ବିଷାଦ ବିରହ ଓ ଭୋକକୁ ସାମ୍ନା କରୁଥାଏ। ସେ ଭୋକ ହୋଇପାରେ ଉଦରର, ମାନସିକ ସ୍ତରର, ଜୀବନ ଜିଜ୍ଞାସାର, ସାମାଜିକ, ଆର୍ଥନୀତିକ ଓ ସାଂସ୍କୃତିକ ବିଶ୍ଳେଷଣର। ମଣିଷର ସୁବିଧା ପାଇଁ ଯେଉଁ ଅନୁଷ୍ଠାନ ସମୂହ ଗଢ଼ାଯାଇଛି, ଆବଶ୍ୟକ ବେଳେ ସେ ସଂସ୍ଥା ସହଯୋଗ, ଆନ୍ତରିକତା ଓ ଅନ୍ତରଙ୍ଗତାର ହାତ ପ୍ରସାରଣ କରେ ନାହିଁ। ସୁତରାଂ ବୃହତ୍ତର ଜନଜୀବନ ଅସହାୟ ଓ ଅନିଶ୍ଚିତତା ମଧ୍ୟରେ ଜିଇଁବାକୁ ବାଧ୍ୟ। Macro ଦୃଷ୍ଟିରୁ ସବୁ ଠିକ୍‌ଠାକ୍ ଥିଲା ଭଳି ଭ୍ରମସୃଷ୍ଟି ହେଉଥାଏ, କିନ୍ତୁ Micro ଦୃଷ୍ଟିରୁ ନିରୀକ୍ଷଣ କଲେ, ମଣିଷର ଦୁଃଖ, ଦୁର୍ଦ୍ଦଶାର ଅନ୍ତ କାହିଁ? ଦୁଃଖର ଉପତ୍ୟକାରେ ସେ ଏକାଏକା ଉଦାସ ଓ ନିର୍ଲିପ୍ତ। କହିବା ବାହୁଲ୍ୟ, ଜୀବନର ପରିସର ଏତେ ବ୍ୟାପକ ଯେ କବିତା ମାଧ୍ୟମରେ ସେ ସବୁର ଅବତାରଣା ଅସମ୍ଭବ। ଶବ୍ଦ ଯେତେବେଳେ କ୍ଳାନ୍ତ ଓ ନିସ୍ତେଜ ହୋଇଯାଏ, ସେତେବେଳେ ନିଃଶବ୍ଦ, ଜାଗ୍ରତ ହେବା ସଙ୍ଗେସଙ୍ଗେ ସକ୍ରିୟ ହୋଇଥାଏ। ଅନ୍ୟ ଅର୍ଥରେ ଶବ୍ଦର ଯେତିକି ଶକ୍ତି ଅଛି ନିଃଶବ୍ଦର ତା'ଠାରୁ ଅଧିକ ଶକ୍ତି ଅଛି। ଏଠି ବାଗଡ଼ମ୍ବର ନାହିଁ, ଗଳାଫଟା ଚିତ୍କାର ନାହିଁ, ଅଛି କେବଳ ମୌନ, ନିରବତାର ଭାଷା, ଯାହା ବଡ଼ମଥା ଠାରୁ କୋଟିକୋଟି ମଣିଷର ଅବଚେତନକୁ ଭେଦିଯାଏ। ସେଇଠୁ ଆରମ୍ଭ ହୁଏ ଉପଶମର ରାସ୍ତା। Inter War Period ରେ ଯେତେବେଳେ ମଣିଷ ସମାଜ ଭୟାବହ ବେରୋଜଗାରୀ, ଅତି ସ୍ଫୀତି (hyper inflation), ଚାହିଦା ସଂକୋଚନକୁ ସାମ୍ନା କରୁଥାଏ, ଠିକ୍ ସେତିକିବେଳେ ନିଃଶବ୍ଦ ଶୋଭାଯାତ୍ରାର ଲମ୍ବା ଲମ୍ବାଧାଡ଼ି ବିଶ୍ୱ ମଗଜକୁ ତରଳେଇ ଦେଇଥିଲା। ନିଃଶବ୍ଦତାର ଗର୍ଭ ଜରାୟୁରୁ ଜନ୍ମ ନେଇଥିଲା

କେତେକେତେ ନୂଆ ଫର୍ମୁଲା । ସୁତରାଂ, ଶବ୍ଦ, ନିଃଶବ୍ଦ, କୋଳାହଳ ଓ କମନୀୟତା ହେଉଛି ଜଡ଼ତା ବିରୁଦ୍ଧ ଏକ ଆହ୍ୱାନ । ସେହି ଆହ୍ୱାନ ପ୍ରତିକ୍ଷେତ୍ର ପାଇଁ ପ୍ରଯୁଜ୍ୟ କହିଲେ ଅତ୍ୟୁକ୍ତି ହେବନାହିଁ ।

ଏହି ଗ୍ରନ୍ଥ ଗ୍ରଥିତ କବିତା ମଧ୍ୟରୁ ଛଅଟି କବିତା ପୂର୍ବ ପ୍ରକାଶିତ କବିତା ଗ୍ରନ୍ଥ 'ଅଜ୍ଞାତ ଅନ୍ଧାର'ରୁ ଆନୀତ । ଗ୍ରନ୍ଥର ନାମକରଣ ସମ୍ପର୍କରେ ଏତିକି କହିଲେ ଯଥେଷ୍ଟ ହେବ ଯେ ନିଃଶବ୍ଦ ନାଦ ସୃଷ୍ଟି କରିପାରେ ଅର୍ଥାତ ମୌନ ପ୍ରବଣତା ଅବଚେତନକୁ କୋରି ପକାଏ । ବଡ଼ ମଥା ହେଉ କି ସାନ ମଥା, ସମସ୍ତଙ୍କ ହୃଦୟକୁ ମନ୍ଥି ପକାଏ । ଏହି ମୌନତାରୁ ତ ବୁଦ୍ଧତ୍ୱପ୍ରାପ୍ତି, ନିଃଶବ୍ଦ ଶୋଭାଯାତ୍ରାରୁ ତ 'New Deal' ଓ 'Dig the hole and fill it' ପରି innovative Idea ର ଉଦ୍ଭାବନ । ସମ୍ପୃକ୍ତ କବିତା ଗ୍ରନ୍ଥର ପ୍ରକାଶନ ଭାର ବ୍ଲାକ୍ ଇଗଲର ପ୍ରକାଶକ କବି ସତ୍ୟ ପଟ୍ଟନାୟକ ବହନ କରିଥିବାରୁ ତାଙ୍କୁ ମନଭରା ଶ୍ରଦ୍ଧା ଓ ସୁମନାସ ଅର୍ପଣ କରୁଛି ।

ବିଷୁବ ସଂକ୍ରାନ୍ତି ଭରତ ବେହେରା
୧୪.୦୪.୨୦୨୨

କୃତଜ୍ଞତା ଜ୍ଞାପନ

ସଂପୃକ୍ତ ଗ୍ରନ୍ଥ ସନ୍ନିବେଶିତ କବିତା ଝଙ୍କାର, ନବଲିପି, ପାହାଚ, ଅକ୍ଷର, ଅମୃତାୟନ, ସମାରୋହ, ଗୋକର୍ଣ୍ଣିକା, ସାଗରିକା, ଧରିତ୍ରୀ ସାହିତ୍ୟାୟାନ ଓ ସମ୍ବାଦ ବାର୍ଷିକ ବିଶେଷାଙ୍କରେ ପ୍ରକାଶିତ ହୋଇଥିଲା। ଆଜି କବିତାଗ୍ରନ୍ଥ ପ୍ରକାଶନ ଅବସରରେ ସମ୍ପାଦକଙ୍କୁ କୃତଜ୍ଞତା ଜ୍ଞାପନ କରୁଚି।

ଭରତ ବେହେରାଙ୍କ ପ୍ରକାଶିତ ଅନ୍ୟ ପୁସ୍ତକ

କୁହୁଳା ଭୂଇଁ (କବିତା) ୧୯୯୮, ୨୦୧୩
ପକ୍ଷ ପରାଗ (କବିତା) ୨୦୦୩
ଏ ମାଟି ମୌନାବତୀ (କବିତା) ୨୦୦୪, ୨୦୧୪
ମୁଦ୍ରିତ ମହକ (କବିତା) ୨୦୦୯
ଉଲଙ୍ଗ ଉପତ୍ତି (କବିତା) ୨୦୧୦
ପରାର୍ଥ ପାଦ (କବିତା) ୨୦୧୩
ଆବରଣ (କବିତା) ୨୦୧୪
ନିର୍ବାଚିତ ୧୫୧ କବିତା 'ଭରତବର୍ଷ' ୨୦୧୮, ୨୦୨୧
ବିବାକ ବସୁଧା (କବିତା) ୨୦୨୦

କବିତା ସମାଲୋଚନା

କବିତାର କାରୁକାର୍ଯ୍ୟ	୨୦୧୫
ସୃଷ୍ଟି ସୀମାନ୍ତ	୨୦୧୬
କବିତାର ସ୍ୱର ସ୍ୱାକ୍ଷର	୨୦୧୭
ଓଡ଼ିଆ କବିତାର ପଞ୍ଚସ୍ୱର	୨୦୧୭

ସୂଚୀପତ୍ର

ନିଃଶବ୍ଦ ନିନାଦ	୧୩
ନଗରବଧୂ	୧୫
ଭିକ୍ଷୁର ଭୂମି	୧୭
ଭିକ୍ଷୁର ଭିନ୍ନ ଯାତ୍ରା	୧୯
ଶୋଷ ମୁକ୍ତି	୨୧
ନବଯାନ	୨୩
ନିଃଶବ୍ଦ ଆହ୍ୱାନ	୨୫
ସୁଜାତାର ଶୋଷ	୨୬
ମନ୍ଦିର, ମହଲର ମୋହ	୨୮
ମାଇପି : ମାଟିକାନ୍ଥ	୩୦
ସର୍ବଂସହା	୩୧
ବଜ୍ରବାହୁର ବଳ	୩୩
ଇତିହାସର ଈର୍ଷା	୩୫
ମହାମାରୀର ମାୟା	୩୭
ମହାମାରୀର ଉତ୍ସ	୩୯
ଝାଉଁଳା ଚାଲି	୪୧
କବଲାର ରଙ୍ଗ	୪୩
ଭାଗଚାଷ	୪୪
ସର୍ତ୍ତ କବଲା	୪୬
ଗାଁ ପୋଖରୀ	୪୮
ଶସ୍ୟ	୫୦
ପଥରର ପ୍ରତିଧ୍ୱନି	୫୨
ଛେଉଣ୍ଡର ଛାଇ	୫୪
ଗାଁ ଯୁବକ	୫୬
କାରୁକଳାର କାରିଗର	୫୮

ଗଣରାଜ୍ୟ	୬୦
ଦେଶର ରଙ୍ଗ	୬୨
ବୀଣା ଦିଦୀ	୬୪
ସେଇ ଝିଅ	୬୬
ବାଙ୍କଟି ପଡ଼ା	୬୮
ଶ୍ୱେତାଙ୍କର ଶୋଷ	୭୦
କୈଶୋରର ମୂଳ	୭୨
କିଆରି କୋଣରେ ଚାଷୀ	୭୪
ଧୂମା : ଦେଶବୋଧ	୭୬
ଫଣା	୭୮
ଗୋଟେ ମିଛ ପାଇଁ	୮୧
ଅହ୍ୟ ଆବାଜ	୮୩
ନୀଳ ନକ୍ଷତ୍ର	୮୫
ତଳ ଥାକ	୮୮
ସ୍ୱରର ରଙ୍ଗ	୯୦
ବିଲରେ ଖେଳ : ବାଡ଼ିରେ ଖାଦାନ	୯୨
ଶଢ ନିଃଶଢ	୯୪

ନିଃଶବ୍ଦ ନିନାଦ

ଶବ୍ଦ ନା ନିଃଶବ୍ଦ
କାହାର ଅଶ୍ରୁତ କମ୍ପନ
ଭେଦିଥିବ ମଣିଷଠୁ ମହାକାଳ ମହାଶୂନ୍ୟ
ମହାତ୍ମା ମଗଜ।
ଉଜାଗ୍ରତ କରିବାକୁ ଭିତରର ଭୂମି
ଚେତନାରୁ ଉଖାରି ଦେବାକୁ
ପ୍ରସ୍ତପ୍ରସ୍ତ ଗୋପନ ରହସ୍ୟ
ଲୋଡ଼ା କେତେ ଏକାଏକା କ୍ଷଣ !

ଦୁଇ ଦ୍ରୁମ : ଅଶ୍ୱତ୍‌ଥ ଓ ଶାଳ
ଦୁଇ ସ୍ଥଳ : ନିରଞ୍ଜନା ତଟ ଏବଂ ଗହଳ ଅରଣ୍ୟ
ଦୁଇ ମହାତ୍ମା : ଗୌତମ ଓ ମହାବୀର।
ତପସ୍ୟାର ଫଳ : ବୁଦ୍ଧତ୍ୱ, ବୌଦ୍ଧ ଧର୍ମ୍ମ
ଧ୍ୟାନର ସିଦ୍ଧି : ଜିଇଁବା ଓ ଜିଣିବାର କଳା ଆହରଣ
ଜୈନ ଧର୍ମ।
ଗୋଟେ ଯୁଗର ଚଳନ ବାରବର୍ଷ
ବୁଦ୍ଧତ୍ୱ ଜୈନତ୍ୱ ପ୍ରାପ୍ତିର ଅବଧି ବାରବର୍ଷ
ବାର ବର୍ଷରେ ଥାଏ କେତେ ଅଦୃଶ୍ୟ ମହିମା !
ଗଛତଳ, ଅବତଳରେ ଗଚ୍ଛିତ ଥାଏ କି
ଅପ୍ରମିତ ଗୁପ୍ତଜ୍ଞାନ ଅସରାଭଣ୍ଡାର ?
ବାରବର୍ଷରେ ବର୍ଷିଯାଏ ତପସ୍ୱୀର ତାଲୁରୁ ତଳିପା।

କିଏ ଘୋଷାରି ନିଏ ରାଜପୁତ୍ରଙ୍କୁ
ମହଲରୁ, ବିଳାସ ବେଢ଼ାରୁ
ଅରଣ୍ୟର ନିଃଶବ୍ଦ ନିନାଦ
ଗଛତଳର ଗହଳ ଗରିମା
ବଣ ଝରଣାର କୁଳୁକୁଳୁ ନାଦ
ନା, ନିଃଶବ୍ଦ ନଦୀର ନାବ ? ?
ପାରି କରିଦେବା ଲାଗି ଏ ପାରିରୁ
ଆରପାରି ଯାଏ ।

ନଗରବଧୂ

ଏମିତି ଥିଲା ତମ ଦେହର ଗଢ଼ଣ ଯେ...
ସାରା ବୈଶାଳୀର ଦେହଜୀବୀ ବିହ୍ୱଳ ପୁରୁଷ
ସାରାଦିନ ସାରାରାତି ସ୍ୱପ୍ନ ଦେଖୁଥିବେ
ପାଇବାକୁ ତମ ସ୍ପର୍ଶ ପ୍ରେମିଳସାନ୍ନିଧ୍ୟ।
ଏମିତି କିଏ ଶିଳ୍ପୀକି ସ୍ଥପତି ଅଛି
ଅବିକଳ ଆଙ୍କିଦେବ କାଗଜ କି ପଥର ଦେହରେ
ତମ ରୂପ ଲାବଣ୍ୟର ଅନୁପମ ଛବି !
ଅମ୍ବାପାଳି : ଗୋଟିଏ ଚାଉଳରେ ଗଢ଼ା ଅପୂର୍ବ ସୁନ୍ଦରୀ।
ତମର ସ୍ୱପ୍ନ କ'ଣ ଥିଲା ଅମ୍ବାପାଳି
ହେବାଲାଗି ଗୃହବଧୂ ନା ନଗରର ବଧୂ
ନା, ତଥାଗତ ତତ୍ତ୍ୱ ବିତରିକା ?
ହୁଏତ, କ୍ଷଣିକର ଲୋଭରେ, ଲାଳସାରେ
ମୋଟା ଅଙ୍କର ପାଉଣା ଓ ବକ୍‌ସିସ୍ ପାଇବା ଲାଗି
ବନିଗଲ ଲୁବ୍‌ଧକର ବିଛଣା ସଙ୍ଗିନୀ
ନିସ୍ତେଜ ହୋଇଥିବ ସକାଳକୁ
ତମ କୋମଳାଙ୍ଗ
ଅତିଷ୍ଠ ହେଉଥିବ ନିତିଦିନ
ସଞ୍ଜରୁ ସକାଳ
କାମୁକଙ୍କ କାମଭୋଗ ବଳିଷ୍ଠ ବନ୍ଧନ।
ତମର ନିନ୍ଦୁକ ବି ଉଜାଗ୍ରତ ହେଉଥିବେ
ଗଭୀର ନିଦରେ
ଉପଭୋଗ କରିବାକୁ ଖୋଲାଦେହ

ତାଳରୁ ତଳିପା।
ନିସ୍ତାର ପାଇବା ଲାଗି ନିଷ୍କରୁଣ ନାଗର ଫାଶରୁ
ତମେ ନିଶ୍ଚୟ ଖୋଜିଥିବ ବାଟ।
ବୈଶାଳୀର ସଂଶୟ ଦୃଷ୍ଟିରେ
ତମେ ହୁଏତ ହେଇଥିବ ରୂପଜୀବୀ, ଦେହଜୀବୀ
ପତିତା ଗଣିକା
ମାତ୍ର ତଥାଗତ ତରଳ ଦୃଷ୍ଟିରେ
ତମର ମନ ଥିଲା ଗଙ୍ଗାଠୁ ପବିତ୍ର
ଦୃଷ୍ଟି ଥିଲା ଦର୍ପଣଠୁ ଅଧିକ ଅମ୍ଳାନ
ହୃଦୟରେ ଭରପୂର ଥିଲା ଓଦାଓଦା ପ୍ରେମ।

କାହିଁକି, ତମେ ଅସ୍ୱୀକାର କଲ
ସୋମ ଶ୍ରମଣର ପ୍ରାଣମୟ ପ୍ରେମ ନିବେଦନ ?
ହୁଏତ କେଉଁ ବିଜନ ବେଳାରେ
ସ୍ମରଣକୁ ସମ୍ମୋହିତ କରିଥିବ
ଶ୍ରମଣ, ଭିକ୍ଷୁ ଅବା ତଥାଗତ ବୁଦ୍ଧଙ୍କର
ବରାଭୟ ବାଣୀ
ଚେତନାକୁ ଓଦା କରିଥିବ
ଅନ୍ତରଙ୍ଗ ଦର୍ଶନର ନିର୍ଲିପ୍ତ ନିର୍ଯ୍ୟାସ।
ଅମ୍ବାପାଲି, ତମ ଦେହର ଗଢ଼ଣ ଯେତିକି ଅନନ୍ୟ
ରୂପାନ୍ତରଣ ବି ଅନୁରୂପ
ବିସ୍ମୟ ସଘନ।
କେତେଦିନ ଚାଲିପାରିଥାନ୍ତ
ବାରାଙ୍ଗନା ବୋଝକୁ ମୁଣ୍ଡେଇ
ନଗରବଧୂରୁ କେମିତିକା ବନିଗଲ
ତଥାଗତ ବାଣୀ ବିତରିକା
ଅବଶିଷ୍ଟ ଆୟୁଷ ଅବଧି।

■

ଭିକ୍ଷୁର ଭୂମି

କେତେ ପଣ, ପ୍ରତିଜ୍ଞା ଓ ପ୍ରେମିଳ ଲହରି
ଉଚ୍ଚାଟିତ ହେଉଥିଲେ
କେହି ହୁଏ ତ ହେଇପାରେ ବୌଦ୍ଧଶ୍ରମଣ
ବିଂଶତି ଫଗୁଣର ମହୁ
ଥପ୍ ଥପ୍ ବର୍ଷିଗଲେ ଅବଚେତନରେ
ଶ୍ରମଣ ପହଞ୍ଚିଯାଏ ଭିକ୍ଷୁ କିମ୍ବା ଭିକ୍ଷୁଣୀ ପାହାଚ।
ଟାଣ କରିବାକୁ ପଡ଼େ ପାଦର ପାହୁଣ୍ଡ
ମିଳେଇ ଦେବାକୁ ହୁଏ ଗର୍ବ ଦମ୍ଭ ଆମୋଦୀ ମାନସ
କଣ୍ଠସ୍ଥ ହେବା ଦର୍କାର ବୌଦ୍ଧଗ୍ରନ୍ଥ
ତ୍ରିପିଟକ ପୃଷ୍ଠା
ଆଜୀବନ ରହିବାକୁ ପଡ଼େ
ଅଭିଆଡ଼ା ଅଭିଆଡ଼ୀ ହୋଇ
ବୁଦ୍ଧ ବିହାରରେ।
ଚେତନାର ଉତ୍କର୍ଷତା ଲାଗି
ପାଳିବାକୁ ପଡ଼େ ଖୁବ୍‌ବେଶୀ ଶପଥ ସଂକଳ୍ପ।
ଏତେ ସହଜ ନୁହେଁ ଆତ୍ମସ୍ଥ କରିବା ଲାଗି
ଭିକ୍ଷୁ ଭିକ୍ଷୁଣୀ ଅଭିଯାତ୍ରାର ବେଜାଏ ବାରଣ
ଏତେ ସହଜ ନୁହେଁ ଉଚ୍ଚାଟିତ କରିବାକୁ
ତଥାଗତ ମହାର୍ଘ ମହିମା।
ସେମାନେ ନୁହନ୍ତି ପଥପ୍ରାନ୍ତ ମାମୁଲି ଭିକାରି
ସାମାନ୍ୟରୁ ଅସାମାନ୍ୟ ପାହାଚକୁ
ଅରୋହଣ କରିଥାନ୍ତି

ପରିପୂର୍ଣ୍ଣ କରିବାକୁ ସୁପ୍ତ ମନୋବାଞ୍ଛା।
ଅହଂଶୂନ୍ୟ, ମୋହଶୂନ୍ୟ, ମନଶୂନ୍ୟ
ଶୋକଶୂନ୍ୟ ସ୍ଥିତି ଖୋଜୁଥିବା
ମୋକ୍ଷପଥ ଯାତ୍ରୀ।
ସେମାନେ ଆସିପାରନ୍ତି ପଲାରୁ, ପ୍ରାସାଦରୁ
ହେଇପାରନ୍ତି ରାଜପୁତ୍ର ରାଜକନ୍ୟା
ତଳଥାକ ମଣିଷର ପୁଅ ଝିଅ ରତ୍ନ
ବିତରଣ କରୁଥାନ୍ତି ଜ୍ଞାନଧର୍ମ ମାନବୀୟ ଗୁଣ।
କମ୍ ଥିଲା କି ସେମାନଙ୍କ ପୃଥିବୀର ଭୂମି !
ପ୍ରାଚ୍ୟରୁ ପାଶ୍ଚାତ୍ୟ
ସାଧାରଣ ଘରଠାରୁ ରାଜୁଡ଼ା ଉଆସ
ଭେଦିଥିବ ସେମାନଙ୍କ କଣ୍ଠସ୍ୱର
ସୁଲଳିତ ଧ୍ୱନି
ବୁଦ୍ଧଂ ଶରଣଂ ଗଚ୍ଛାମି
ସଂଘଂ ଶରଣଂ ଗଚ୍ଛାମି
ଧମ୍ମମ୍ ଶରଣମ୍ ଗଚ୍ଛାମି।

■

ଭିକ୍ଷୁର ଭିନ୍ନ ଯାତ୍ରା

ସେମାନେ ନ ଥିଲେ
ସୌଖିନ କି ପେସାଦାର ଭିକ୍ଷୁ
ଭିକ୍ଷା ନ ଥିଲା ସେମାନଙ୍କର
ମଜବୁତିର ଶେଷତମ ଆଶ୍ରା ।
ଦୁଇ ମହାତ୍ମା
ବୁଦ୍ଧ ଓ ଶିରିଡ଼ିର ସାଇବାବା
ଜଣେ ରାଜପୁତ୍ର ତ
ଅନ୍ୟ ଜଣେ ଅଜ୍ଞାତ ଫକୀର ।
ସହସ୍ରାଧିକ ବର୍ଷର ଥିଲା ବ୍ୟବଧାନ
ଅଥଚ ପାଖାପାଖି ଥିଲା
ଦୁହିଁଙ୍କର ଜୀବନ ଶୈଳୀ ।
ଉଭୟ ଜିଇଁଥିଲେ ଅଶୀତି ବର୍ଷ
ନିର୍ବାଣ ଅବଧି, ଉଭୟ ଥିଲେ ଭ୍ରମମାଣ ଭିକ୍ଷୁ ।
କ'ଣ ଥିଲା ରହସ୍ୟ
କ'ଣ ଥିଲା ଭିକ୍ଷାର କାରଣ ? ?
ଅହଂବୋଧକୁ ମିଳେଇବା ଲାଗି
ମାଟି ମା' ନିର୍ଲିପ୍ତ ପଣତ !
ନା, ଆଉ କ'ଣ ?
ପାଞ୍ଚଘର ହଉକି ପନ୍ଦର
ଏତେ ସହଜ ନୁହେଁ
କାନ୍ଧରେ ଝୁଲା ଝୁଲେଇ
ପାଲଟିବା ଯାଚନକ ଭିକ୍ଷୁ ।

କେତେ ଉଞ୍ଚା ଥିଲେ ଚେତନା ପାହାଚ
କେତେ ଅବନତ ଥିଲେ ସ୍ୱାଭିମାନ ପ୍ରସ୍ତ
କେତେ ଦୃଢ଼ ଥିଲେ ଜନମନ ଆକର୍ଷିତ
କରିବାର ଅନାସକ୍ତ ଦିଗ
ଗଢ଼ାଯାଏ ସଂଘ, ସଂସ୍ଥାନ ?
ଏବେ ନାହାନ୍ତି ବୁଦ୍ଧ କି ଶିରିଡ଼ିର ସାଇ
ତେବେ ବି ନିନାଦିତ ହେଉଛି ସବୁଠି
ବୁଦ୍ଧଂ ଶରଣଂ ଗଚ୍ଛାମି
ସଂଘଂ ଶରଣଂ ଗଚ୍ଛାମି
ଧମ୍ମମ୍ ଶରଣମ୍ ଗଚ୍ଛାମି
ଓ ଶ୍ରଦ୍ଧା ସବୁର ଶବ୍ଦର
ମନ୍ଦ୍ରଧ୍ୱନି କୋଟିଜନ ଗହନ ହୃଦୟ ।

■

ଶୋଷ ମୁକ୍ତି

ଏତେ ସହଜ ନୁହେଁ ନିର୍ବାଣର ରାସ୍ତା
ଏତେ ସହଜ ନୁହେଁ ପହଞ୍ଚିବାକୁ
ଶୋଷ ଶୂନ୍ୟ ପୂର୍ଣ୍ଣଚ୍ଛେଦ ବିନ୍ଦୁ
ବିଲକୁଲ ସହଜ ନୁହେଁ
ମନଶୂନ୍ୟ ଅବସ୍ଥାରେ ପହଞ୍ଚିବା ବାଟ ।
ହୁଏତ ଏକାଏକା ପହଞ୍ଚିଥିବେ
ତଥାଗତ ବୁଦ୍ଧ ।
କମ୍ ତପସ୍ୟା ଦର୍କାର କି
ଭୋଗିବାକୁ ନିର୍ବାଣର ଫଳ !
ନିର୍ବାଣ କ'ଣ କି ?
ବିଶୁଦ୍ଧ ବୁଦ୍ଧି, ମୁକ୍ତ ମାନସ ନା, ଆଉ କ'ଣ
ଜନ୍ମ ମରଣର ଗୋଲକ ବାହାରେ
ଥାଏ ତା'ର ଅସଲ ଅସ୍ତିତ୍ୱ ।
ତମ ନିର୍ବାଣର ମର୍ମ ଥିଲା ସରଳ ତରଳ
ଥିବା ଯାଏ ମଣିଷର ତୃଷ୍ଣା
ଭେଟୁଥିବ ଜନ୍ମ ମରଣକୁ
ଓହ୍ଲାଇ ଆସୁଥିବେ ବାରବାର ବୁଦ୍ଧ
ଶୁଣାଇ ଦେବାକୁ, ମନ ଶୂନ୍ୟ ଅବସ୍ଥାର
ବିନ୍ଦୁ ବିସର୍ଗ ।
ଭୂମି କ'ଣ, ଭୂମା କ'ଣ
ଆତ୍ମା କ'ଣ, ପରମାତ୍ମା କ'ଣ
ମର୍ମେ ମର୍ମେ ଅନୁଭବ କରିଥିବେ ବୁଦ୍ଧ

ସେଥିଲାଗି, ସେ କେବେ ଗମ୍ଭୀର ତ
ଆଉ କେବେ ହସି ହସି
ବହଲେଇ ଦେଇଥାନ୍ତି
ଜିଜ୍ଞାସୁ ଶ୍ରମଣ ।
କି ବିଚିତ୍ର ଥିଲା ଦୃଷ୍ଟି ଦିଗ୍‌ବଳୟ
ନିର୍ବାଣର ପ୍ରତିବିନ୍ଦୁ ପ୍ରତିରେଖା
ଭେଦିଥିବ ପ୍ରସ୍ଥପ୍ରସ୍ଥ ତାଳୁରୁ ତଳିପା ।

■

ନବଯାନ

ଶବ୍ଦର ଶକ୍ତି କମ୍ କି !
ଅକ୍ଷରର ଅକ୍ଷାଂଶ କମ୍ କି !!
ଅତିକ୍ରମ କରିପାରେ
ଉତ୍ତର ଦକ୍ଷିଣ ପୂର୍ବ ପଶ୍ଚିମର
ଦୂର ଦିଗ୍‌ବଳୟ ।
କ'ଣ ଥିଲା ଶବ୍ଦର ସାରାଂଶ
କେମିତିକା ଭେଦିଗଲା
ସାରାବିଶ୍ୱ ମଣିଷହୃଦୟ ।
ତମ ମହାନିର୍ବାଣର ବହୁବର୍ଷ ପରେ
ଭାଗଭାଗ ହୋଇଗଲା ସାରାଂଶର ମଞ୍ଜି
ମହାଯାନ, ହୀନଯାନ, ବଜ୍ରଯାନ, ତନ୍ତ୍ରଯାନ
ସହଜିଆଯାନ ।
ଶ୍ରମଣ କି ଭିକ୍ଷୁ
ଭିକ୍ଷା ଥିଲା ସେମାନଙ୍କର ସର୍ବଶେଷ ଶ୍ରେୟ ।
ପ୍ରାଚ୍ୟ ଦେଶସାରା
ଥିଲା ବହୁଯାନ
କ'ଣ ପାଇଁ ଲୋଡ଼ାଗଲା ଆଉ ଏକ ଯାନ
କ'ଣ ଥିଲା ଗଭୀର ମର୍ମାଥ ?
ସଂଭବତଃ, ଭିକ୍ଷାମନା ପାଶ୍ଚାତ୍ୟ ଭୂଇଁରେ
କାରଣରୁ ଜନ୍ମ ନେଇଥିବ
ନବଯାନ, ବୁଦ୍ଧ ତତ୍ତ୍ୱଧାରା ।
ଭିକ୍ଷୁ ଥା'ନ୍ତୁ କି ନଥାନ୍ତୁ

ଆବେଦନର ଚେର ଥିଲା ଢେର ଗଭୀର
ବହୁବହୁ ଦିଗନ୍ତକୁ ଛୁଇଁଥିବ ତା'ର ସାରତତ୍ତ୍ୱ ।
ବୁଦ୍ଧିହୀନ ଠାରୁ ବୁଦ୍ଧିଦୀପ୍ତ ଯାଏ
ଭେଦି ଥିଲା ଜାତିଶୂନ୍ୟ ଭେଦଶୂନ୍ୟ
ଦାର୍ଶନିକ ଦିଗ
ମଣିଷର ଅନ୍ତଃକରଣକୁ ।

ନିଃଶବ୍ଦ ଆହ୍ୱାନ

ସତ୍ୟ ନା ସଂଯୋଗ
ଦୃଶ୍ୟ ନା ଅଦୃଶ୍ୟ
କ'ଣ ହୋଇଥିବ ମରମୀ ମାନସ ?
ତମ ଜନ୍ମ ଯେମିତି ଅଦ୍ଭୁତ
ସିଦ୍ଧିର ସ୍ୱାଦ ସେମିତି ସମ୍ମୋହକ
ମୃତ୍ୟୁ ଥିଲା ସେମିତିକା ଆପଣା ଅଧୀନ ।
ଲୁମ୍ବିନୀର ଶାଳଗଛ ମୂଳ
ନିରଞ୍ଜନା ଅଶ୍ୱତ୍‌ଥର ତଳ
କୁଶୀନାରାରେ ଶେଷ ଶ୍ୱାସ ତ୍ୟାଗ ପରି
ଆସିବା ଯିବା ଓ ସିଦ୍ଧିପ୍ରାପ୍ତ ହେବା
ବେଳଥିଲା ପୂନେଇଁର ପୁଣ୍ୟମୟ ତିଥି
ସଞ୍ଚରି ଯାଇଥିଲା ଧ୍ୟାନର ମର୍ମାଥ
ଚରାଚର ବିଶ୍ୱ ।
ଧ୍ୟାନର ଫଳ କମ୍ ମଧୁରକି !
ବିଚ୍ଛୁରିତ ହୋଇଥିବ ସ୍ଥାବର ଜଙ୍ଗମ ସ୍ୱାଦ
ଭେଦିଥିବ ଅଖିଳର ଦଶଦିଗ ସାରା ।
ବୁଦ୍ଧ, ତମେ ନୁହଁ ଲୁମ୍ବିନୀର, ଭାରତର
ଏସିଆର ଆଲୋକ ବର୍ତ୍ତିକା
ତମେ ଖୋଦ୍ ମଣିଷର, ମଣିଷ ଜାତିର
ଦୁଃଖର କାରଣ, ନିରାକରଣ ଖୋଜି ପାଇଥିବା
ଅମ୍ଳାନ ଆଲୋକର ଶିଖା ।

■

ସୁଜାତାର ଶୋଷ

ସାମ୍ନାରେ ବହୁଥିଲା ନିରଞ୍ଜନା ନଈ
ବନ୍ଧପାଖ ଅଶ୍ୱତ୍ଥ ମୂଳରେ
ଏକାଏକା ତପଲୀନ ଥାନ୍ତି
ତପସ୍ୱୀ ଗୌତମ।
କ'ଣ ଥିଲା ଅନ୍ତିମ ସଂକଳ୍ପ
ମୋକ୍ଷ, ନିର୍ବାଣ ନା ଆଉ କିଛି
ଗହଳିଆ ଗଣ୍ଠି ?
ଭୁଲିଥିବେ ପତ୍ନୀ ପୁତ୍ର ପ୍ରାସାଦର ମୋହ
ଭୁଲିଥିବେ ଶୋଷ ଭୋକ ପ୍ରିୟ ପରିଜନ।

ଏମିତି ଥିଲା...
ଗୌତମଙ୍କ କାଇଲା କାୟା ଯେ...
ବିଚଳିତ ହେଉଥାନ୍ତି ନଦୀତଟ ଗାଁ ନରନାରୀ।
ସୁଜାତା, ଗାଉଁଲି ତରୁଣୀ
ହୁଏତ ଖଣ୍ଡେ କସ୍ତା ଶାଢ଼ି ହେଇଥିବ ମୋଟ ପରିଧାନ
ନିତିନିତି ଯାଉଥାଏ ନଈପାଖ ଗହନବଣକୁ
ବୋହି ଆଣୁଥିଲା ନୁଖୁରା ମୁଣ୍ଡରେ
ପୁଳାପୁଳା କାଠ
ତୋଳି ଆଣୁଥାଏ ଅଣ୍ଟିଭରା
ବଣ ଫଳ ମୂଳ।
ଯିବା ଆସିବା ବାଟରେ ଦେଖୁଥାଏ
ଗୌତମଙ୍କ ରୁଖାଶୁଖା କାୟା

ଅବଚେତନରେ ଉଠୁଥିଲା ମାଳମାଳ ଶୀତଳ ଲହରି ।
ସୁଜାତା ! କ'ଣ ଥିଲା ତମର ସୁପ୍ତ ମନୋବାଞ୍ଛା
ଅନୁଦିନ ପର୍ଶି ଦେବା ଲାଗି
ଓସ୍ତଗଛ ଝଙ୍କା ଛାଇତଳେ
ହାତରନ୍ଧା କ୍ଷିରି ଓ ଆହାର ।
ସେଦିନ ଅନୁଭବ କଲେ କି ତପସ୍ୱୀ !

ସଫା ମନ ସୁସ୍ଥ ଦେହ ଉଭୟ ଦର୍କାର
ପହଞ୍ଚିବା ଲାଗି ଈପ୍‌ସିତ ବିନ୍ଦୁରେ ।
ସୁଜାତା, କ'ଣ ଥିଲା ତମର ଶେଷତମ ଶୋଷ ?
ହୁଏତ ବେଳକାଳ ଉଣ୍ଡି
ମନଖୋଲି କହିଥିବ, ଆମନ୍ତ୍ରଣ କରିଥିବ
ଆପଣାର ମାଟିପିଣ୍ଡା, ମାଟିକାନ୍ଥ, ମାଟିଅଗଣାକୁ
ମହାମନା ତଥାଗତ ବୁଦ୍ଧ ।

କୁହ ସୁଜାତା, କେମିତିକା ଭେଦିଥିଲା ତମ ହୃଦୟକୁ
ଗୌତମୀୟ ଗହନ ଗୁଞ୍ଜନ
ବୁଦ୍ଧଦେବ ଗମ୍ଭୀର ଗୁମାନ ? ?
ହୁଏତ କେବେ, ତଥାଗତ ହେଇଥିବେ
ଚାଳଘର ଚାଳିଆର ଆତ୍ମୀୟ ଅତିଥି
ଆଦରରେ ପାରିଦେଇଥିବ ବରଡ଼ା ପଟିଆ
କଦଳୀପତ୍ରରେ ପର୍ଶି ଦେଇଥିବ
ହାତରନ୍ଧା ସୁସ୍ୱାଦୁ ଭୋଜନ ।
ଶବରୀ - ଶ୍ରୀରାମ
କୁବୁଜା - ଶ୍ରୀକୃଷ୍ଣ
ସୁଜାତା - ତଥାଗତ ଓ
ବାଇଜାମା-ଶିରିଡ଼ିସାଇ ଶାଶ୍ୱତ ସଂପର୍କ
କାଳ କାଳ ସମ୍ମୋହିତ କରୁଥିବ
ସାରାବିଶ୍ୱ ମଣିଷ ଚେତନା । ■

ମନ୍ଦିର, ମହଲର ମୋହ

ନଦୀ ପାଖକୁ ନଦୀ, ପର୍ବତ ପାଖକୁ ପର୍ବତ
ଗୁମ୍ଫା ପାଖକୁ ଗୁମ୍ଫା, ମନ୍ଦିର ପାଖକୁ ମନ୍ଦିର
ବଡ଼ ଅଜବ ତମର ନକ୍ସା, ଗଢ଼ଣ।
ଯେତିକି ଅଦ୍ଭୁତ ତମର ଅତୀତ
ସେତିକି ସତ୍ୟ ତମର ବିଦ୍ୟମାନ ସ୍ଥିତି।

କାହିଁକି କହନ୍ତି ସେମାନେ
'ରକୁଣାରଥ ଅଣବାହୁଡ଼ା'
କାହିଁକି ବଦଳାନ୍ତି ରଥାସୀନ ଦେବଦେବୀ
ଯିବା ଆସିବା ବେଳର ବିମୁକ୍ତ ବାହନ?
ତମର ବାଲି, ଅରଣ୍ୟ, ପଥୁରିଆ ଭୂଇଁ
ଆକର୍ଷିଚି କେତେକେତେ ଯୁଦ୍ଧପ୍ରିୟ, ଧର୍ମ ପ୍ରବର୍ତ୍ତକ।

ପୁରୁଣା ନକ୍ସାରେ ତମର ମାଳମାଳ ମନ୍ଦିର
ଲିଙ୍ଗରାଜ, ରାଜାରାଣୀ, ମୁକ୍ତେଶ୍ୱର, କେଦାରଗୌରୀ
ବିନ୍ଦୁସାଗର ଭଳି ବୃହତ୍ ପୋଖରୀ
ଅନତି ଦୂରରେ ଶାନ୍ତିସ୍ତୂପ ଧଉଳି କି
ଖଣ୍ଡଗିରି ଗୁମ୍ଫା
ଏସବୁତ ତମପ୍ରୀତି ଅମୂଲ୍ୟ ସମ୍ପଦ।
ନୂଆ ନକ୍ସାରେ ଭଳି ଭଳି ମଲ୍, ସିନେମା ହଲ୍
ସର୍କାରୀ ଅଫିସ୍
ନେତାମନ୍ତ୍ରୀ ହାକିମଙ୍କ ସୁରମ୍ୟସୌଧ

କଳା ସାହିତ୍ୟ ସଂଗୀତର ରଙ୍ଗ ରାଗ ଲୟ।
ଗମ୍ଭୀର କୋଠିରେ ନିତିଦିନ ଲେଖୁଥାଅ
ରାଜ୍ୟବାସୀ ଭବ୍ୟ ଭାଗ୍ୟ ଚିଠା
ତମର ଚୁମ୍ବକୀୟ ଆକର୍ଷଣ
ଗଁଗଣ୍ଡା ଉପାନ୍ତରୁ ଘୋଷାରେ ନିଇତି
ନିଃସ୍ୱ, ନିର୍ଦ୍ଧନ, ଥିଲାବାଲା ମଗଜମାନଙ୍କୁ।

ଦେଖିଚି ଧାରଣାରେ, ଉପାସରେ ବସିଥିବା
କେତେକେତେ ବିଷର୍ଣ୍ଣ ମଣିଷ
ଦେଖିଚିବି, ଘେରାଓ ଓ ଆନ୍ଦୋଳନ ରତ
ଭିନ୍ନଭିନ୍ନ ସହାୟକବର୍ଗ।

ତମେ ନିଶ୍ଚୟ ଅନୁଭବ କରିଥିବ
ସେମାନଙ୍କ ବିଷାଦ ବେଦନା
ଦେଖିଥିବ ସେମାନଙ୍କ ଛଳଛଳ ଆଖି
କୋହଭରା ଛାତି
ଅର୍ଦ୍ଧଭୁକ୍ତ ବସ୍ତିବାସିନ୍ଦାକି
ଅନିଶ୍ଚୟତାରେ ବାଟଚାଲୁଥିବା
ସାନସାନ ଯେତେ କର୍ମଚାରୀ।
ହେ ଈଶ୍ୱରୀ, ଭୁବନଈଶ୍ୱରୀ!!

ଅପେକ୍ଷାରେ ଅଛନ୍ତି ସେମାନେ
ପାଇବାକୁ ତମପ୍ରେମ,
ମୁକ୍ତ ଆଲିଙ୍ଗନ
ମଜବୁତ୍ କରିବାକୁ ସେମାନଙ୍କର ଅର୍ଥର ଅସ୍ତିତ୍ୱ
ତମେ କ'ଣ ପୋଛି ଦେବନାହିଁ
ଧାରଧାର ବହୁଥିବା ଡୋଳାଭର୍ତ୍ତି ଲୁହ
ତୋଳିନେବ ନାହିଁ
ଦରଦ ଓ ପ୍ରସାରିତ ବାହୁବନ୍ଧନରେ
କାଳାନ୍ତର ବଞ୍ଚିତ ବର୍ଗଙ୍କୁ।

ମାଇପି : ମାଟିକାନ୍ଥ

କେତେବେଳେ ଆସେ ସକାଳ, ଦିପହର, ରାତି
ଜାଣିପାରେନି ଗାଁର ମାଇପି
କାମ ପଛକୁ କାମ, କାମ ବାହାରେ କାମ
ଅଲିଖିତ ପାଇଟିର ସୂଚୀ,
ଝୁଲୁଥାଏ ହୃଦୟର କାନଭାସ କୋଷରେ।
ହୁଏତ କେବେ ଏକାଏକା
ଆଉ କେବେ ଶାଶୂ ନଣନ୍ଦ ଯା' ସହ
ଖଟୁଥାଏ ବରାବର ସକାଳରୁ ରାତି।
ହାଣ୍ଡିଶାଳ, ଦାଣ୍ଡପିଣ୍ଡା, ଚଟାଣ, ଦଲାଣ
ଲିପାପୋଛା ଖରକା ଖରକି
ସମସ୍ତଙ୍କ ସେବାଯତ୍ନ ହାଲଚାଲ ଦିଗ
ଆବଣ୍ଟିତ ହେଇଚି ଯେମିତି ଆଦିମ କାଳରୁ।
କେବେ ତିନିଫଳିତ, କେବେ ପାଞ୍ଚଫଳି
ଶିଡ଼ି ଚଢ଼ି ଲିପିଥାଏ ମାଟିକାନ୍ଥ ତଳରୁ ଉପର
କଚଟିରେ ବାନ୍ଧିଥାଏ କପଡ଼ାର ପଟି
ନ ବୋହିବା ଲାଗି ଛୁଞ୍ଚପାଣି କହୁଣି ପର୍ଯ୍ୟନ୍ତ।
ବଦଳି ଗଲାଣି ଦିନ ମାସ ଯୁଗ ଓ ଶତାବ୍ଦୀ
ଛୋଟ ହେଇଗଲାଣି ପରିବାରର ସୀମା ଚଉହଦି
ବଦଳିଗଲାଣି ମାଟି ଘର କାନ୍ଥ ରୂପରେଖ।
ଭଲ ହେଲା ମାଇପିଙ୍କୁ ମିଳିବ ସମୟ
ନେବାପାଇଁ ଖୁସିରେ ନିଃଶ୍ୱାସ।

■

ସର୍ବଂସହା

ଏବେ କାହିଁକି ଉଖାରୁଚ ପୁରାଣର ପୃଷ୍ଠା
ହୁଏତ, ବିଷମ ବେଳାରେ ବଣ୍ଟାଯାଇଥିବ
ଜାତି, ଗୋତ୍ର, ଧର୍ମ, କର୍ମ, ବୃତ୍ତି।
ସିଆଣିଆମାନେ ବାଛି ନେଇଥିବେ
ବଡ଼ବଡ଼ କାମ, ତମପାଇଁ ରହିଥିବ
ବାକିତକ ଝାଳବୁହା ଶାରୀରିକ ପେସା।
ଉପରକୁ ଉଠିବାକୁ ସେମାନେ ତ
ଗଢ଼ିଥିବେ ଶିଢ଼ି, ତମେସବୁ ହେଇଥିବ
ନିସ୍ତରଙ୍ଗ ଫଳି।
ସେମାନଙ୍କ ଦୃଷ୍ଟିରେ ଦିଶାରେ
ତମେ ସବୁ ହେଇପାର ତଳଥାକ ମଣିଷର
ଭାରି ଭାଗିଦାର
ସର୍ବହରା, ବାସ୍ତୁହରା କୁଳ।
ଆଦିମ ଯୁଗରୁ, ପଥର ଭଳି ସହିଚ
ନୀଚକୁଳ, ଜନ୍ମ ତତ୍ତ୍ୱବୋଧ
ନିର୍ଦ୍ଧନ ହେବାର ଅସତ୍ୟ କାରଣ।
ପଚାର ପଚାର, ଅବିଚାର ମନମାନି ସହିବାକୁ
ତମେ କ'ଣ ଜନ୍ମ ହେଇଅଛ ?
ହୁଏତ ସମାଜକର୍ମୀଙ୍କ ପାଇଁ ହେଇପାର
ସର୍ବହରା, ଅଗ୍ନିଗର୍ଭଶିଖା
କିନ୍ତୁ ସର୍ଜକର ସୃଜନ ପୃଷ୍ଠାରେ
ତମେ ନୁହଁ ସେମିତି କିଛି ବି।

ବରେଣ୍ୟ, ବିଦ୍ୱାନ ବ୍ରଜ ମୋହନ ମିଶ୍ର
ତମକୁ ଚିହ୍ନେଇଚନ୍ତି ସର୍ବଂସହା
କୁଳ ବଂଶଧର ।
ହେ ସର୍ବଂସହା, ହେ ମହାନ୍, ହେ ମହାଜୀବନ
ଆକଳନ କିଏ ସେ କରିବ ତମ ବଳ, ବୀର୍ଯ୍ୟ
ତଉଲିବ କିଏ ତମ, ପୀଡ଼ାର ଓଜନ
କିଏ ଦେବ ସହଣିର ମୂଲ
ପ୍ରଶମିତ କିଏ ସେ କରିବ, କେତେକେତେ
ଅପମାନ ବିଜଡ଼ିତ ଗହୀରିଆ
କ୍ଷତ, ଦାଗ, ଦର୍ଜ ।
ଅପେକ୍ଷାରେ ଥାଅ, ଅନ୍ୟ କେହି
ମହାପୁରୁଷର ଆଗମ ଅବଧି ।

■

ସମ୍ବେଦନଶୀଳ ସ୍ରଷ୍ଟା, ପ୍ରାବନ୍ଧିକ
ଡକ୍ଟର ବ୍ରଜମୋହନ ମିଶ୍ରଙ୍କୁ...

ବଜ୍ରବାହୁର ବଳ

ସେମାନଙ୍କ ବାହୁର ବଳଥିଲା
ତଥାପି ବଞ୍ଚିତ ଥିଲେ ବ୍ୟବସ୍ଥାର
ବିଶୁଦ୍ଧ ସ୍ୱାଦରୁ
ବିବାକ ବିଡ଼ମ୍ବନାରେ ବିତୁଥିଲା
ତମାମ ଜୀବନ।
ତମେ ଠିକ୍‌ଠିକ୍ ପଢ଼ିଥିଲ, ବୁଝିଥିଲ
ଦେଶ, ଦେଶବାସୀ ମହାଜୀବନକୁ।
ତମ ମର୍ମୀ ମନ ଅନୁଭବି ଥିଲା
ନିସ୍ତରଙ୍ଗ ମଣିଷର ଗୋଟିଗୋଟି ଗଣ୍ଠି
ସେତିକି ଯଥେଷ୍ଟ ଥିଲା ଢଳିବାକୁ
ତୃତୀୟ ଚତୁର୍ଥ ବିଶ୍ୱ ଅଦୃଶ୍ୟ ପାହାଚ।

କେଉଁ ପାଟବିଲରେ ଗଢ଼ାଗଲେ କମାଣ କାର୍ଖାନା
ବିସ୍ଥାପିତ ହେଲେ ପାନଚାଷୀ, ଧାନଚାଷୀ
ଆଉ ଆଉ ଲୋକ
ଗର୍ଜୁଥିଲା, ପ୍ରତିବାଦ କରୁଥିଲା
ତମ ବଜ୍ର କଣ୍ଠ।
ହୃଦୟର ଅଦୃଶ୍ୟ ଅଂଶରେ ଆଙ୍କିଥିଲ
ଆଦର୍ଶର ନକ୍ସା
ଚାଲୁଥିଲ ବରାବର ସେହି ଆଦର୍ଶରେ
କୈଶୋରରୁ କୋକେଇରେ
ଶୋଇବା ଅବଧି।

ସତରେ, ତମେ ନୁହଁ ବ୍ରଜନାଥ
ତମେ ଥିଲ ଅସଲରେ ବଜ୍ରନାଥ
ଶ୍ରମଜୀବୀ ମଣିଷର କମରର ବଳ
ସେମାନଙ୍କ ସ୍ୱପ୍ନର କୋରକ
ଆଶା ବୈତରଣୀ ।
କୁହ, ଆଉ କିଏ ଉଚ୍ଚାରିବ
ତଳଥାକ ମଣିଷର ଅକୁହା ବେଦନା
ପେଡ଼ି ଖୋଲି ବଖାଣିବ
ବ୍ୟବସ୍ଥାର ଗହନ ଗୁମର
କେବେ ସିଧା କେବେ ଚେର୍ଛା
ଶାବ୍ଦିକ ରୂପରେ ।

■

ବିଶିଷ୍ଟ କବି ବ୍ରଜନାଥ ରଥଙ୍କୁ...

ଇତିହାସର ଈର୍ଷା

ଦଶବର୍ଷରେ ନା ଶହେ ବର୍ଷରେ
କଡ଼ ଲେଉଟାଏ ଇତିହାସ
ଅକାଳରେ ହାନି ହୁଏ ସୁନା ଶସ୍ୟ
ଦୁର୍ଲଭ ମଣିଷ ।
ବିପର୍ଯ୍ୟୟର କେତେ ନାମ ରୂପ
ରାଗ ଲୟ ଛନ୍ଦ
ପ୍ଲେଗ୍, ସ୍ପେନିଶ ଫ୍ଲୁ, ଦୁର୍ଭିକ୍ଷ... କରୋନା ।
ଏତେ ସହଜ ନୁହେଁ ଠାବ କରିବାକୁ
ମହାମାରୀର ନିଚ୍ଛିଦ୍ର ନିଦାନ
ଏତେ ସହଜ ନୁହେଁ ବର୍ତ୍ତିବାକୁ
ଜ୍ୱଳାମୟୀ ଜର୍ଜର ଆଁରୁ ।
ତମାମ ଦି ହଜାର କୋଡ଼ିଏ ବର୍ଷର
ବିଷାଦ, ଅବସାଦ
ଚୂନାକରେ ବିଶ୍ୱବାସୀ ମଞ୍ଜା,
କାନ୍ଦୁଣୁ ମାନ୍ଦୁଣୁ ହେଉଥାନ୍ତି
ବାଳବୃଦ୍ଧ ଯୁବଯୁବା ପ୍ରାଣ ।
ତୁଟିଯାଏ ବନ୍ଧନର ନିବିଡ଼ ସମ୍ପର୍କ
ଛଅଫୁଟର ଦୂରତା, ମୁଖା ଭର୍ତ୍ତି ମୁହଁ
ଠଉରେଇ ହୁଏ ନାହିଁ
ହସ ଅବା ଥମ୍‌ଥମ୍ ମୁହଁ ।
ଲକଡ଼ାଉନ୍, ସଟ୍‌ଡ଼ାଉନ୍
ହୋମ୍ କ୍ୱାରେଣ୍ଟିନର ଶାସ୍ତି

ଅନୁଦିନ ଭୋଗ କରେ ନିଃସଙ୍ଗ ଓ ସସଙ୍ଗ ମଣିଷ।
କିଏ ଜାଣେ ? କେବେ ଥମିବ
ମହାମାରୀ ମଡ଼କର କରାଳ କୁହାଟ
କେବେ ହାତକୁ ହାତ, ଛାତିକୁ ଛାତି
ଓଠକୁ ଓଠ ମିଶାଇ ଜାବୁଡ଼ି ଧରିବ ପ୍ରେମିଳ ମଣିଷ।
ଏମିତି କ'ଣ ଈର୍ଷା କରେ ଇତିହାସ
କଡ଼ ଲେଉଟାଏ
ଅଟକାଇ ମଣିଷ ଜାତିର ଶ୍ୱାସ ଓ ପ୍ରଶ୍ୱାସ।

ମହାମାରୀର ମାୟା

ଏତେ ନାମ ରଙ୍ଗ ରାଗ ରୂପ
ଥାଏ କି ମହାମାରୀର ?
କୁଷ୍ଠଠୁ କରୋନାର ସର୍ବଗିଳା ଆଁ
ଢୋକିଦେଇଚି କି, ପଲକ ମାତ୍ରକେ
କେତେ କେତେ ମୁଣ୍ଡ ? ?
ତା'ର କରାଳ ପ୍ରକୋପ
ମଣିଷକୁ କରିଚି ନିଃସଙ୍ଗ ।
ପ୍ଲେଗ୍, ସ୍ପେନିଶଫ୍ଲୁ କୋପଠାରୁ
ଢେର ଅଧିକ କରୋନାର କ୍ଷେତ୍ରଫଳ ଭୂଇଁ
ଛିଙ୍କ, କାଶ, ଛେପ ଖଙ୍କାରରେ
ପହଁରିଚି ଆବିଶ୍ୱ ଭୂଗୋଳ ।

ଖୋଜା ଚାଲିଚି ତ ଚାଲୁ କାରଣ, ନିଦାନ
ଆୟୁର୍ବେଦରୁ ଅସ୍ତାଚଳ
ଆବିଶ୍ୱ ବିଜ୍ଞାନାଗାର ନିଷିଦ୍ଧ କୋଠରି ।
ସମର୍ପିତ ମୁଦ୍ରାରେ ଦେଶ ଅନ୍ତର୍ଦେଶ
ଆଉ କ'ଣ ଚାରା ଅଛି କୁହ ?
ବଦଳିଯିବ କି ଭୂଇଁ, ଶ୍ମଶାନ ଭୂଇଁକୁ
କୋକେଇ ପଛକୁ କୋକେଇ
ଶବ ପଛକୁ ଶବ, ଜୁଇ ପାଖକୁ ଜୁଇ
ଧାଡ଼ିଧାଡ଼ି ଲମ୍ୱାଧାଡ଼ି
ନିଆଁ ଧୂଆଁ ମୁର୍କୁଟିଆ ଗନ୍ଧ ।

ଏମିତି ସମୟ,
ଆଲିଙ୍ଗିବାକୁ ନାହିଁ ଗୋଟେ ଛାତି
ସବୁଠି ଯେମିତି ଅଛୁଆଁ ଅଛୁଆଁ ମୁଦ୍ରା
ଅତର୍କ୍କ ଆଶଙ୍କା
କୋରି ପକାଉଚି
ମଣିଷର ଭିତରର ମଞ୍ଜି।

ମହାମାରୀର ଉତ୍ସ

ଏତେ ସହଜ ନୁହେଁ ନିରୂପଣ କରିବାକୁ
ମହାମାରୀ ମୂଳ ଉତ୍ସ ବିନ୍ଦୁ
ପକ୍ଷୀ ନା ପରୀକ୍ଷାଗାର
ହେଇପାରେ ତା' ଉତ୍ପତ୍ତି ସ୍ଥଳ ।
ଏତେ ସହଜ ନୁହେଁ ପ୍ରଶମିତ କରିବାକୁ
ତା'ର ପୀଡ଼ା, ପରିଣତି, କୋପାନଳ କାୟା ।
ଦେଖ, ଗୋଟେ ତତ୍କାଳ ନିଷ୍ପତ୍ତି ଝୁଲରେ
ପୋଡ଼ି ଯାଉଚି, ଦଗ୍ଧ ହେଉଚି
ବିଶ୍ୱବାସୀ ସହାୟ ଓ ଅସହାୟ ପକ୍ଷ ।
ଆରପାଖରେ ଉଦାସୀନ ମୁହଁମାନେ
ଦେଖୁଚନ୍ତି ଚୁପ୍‌ଚାପ୍ ନିରବ ନିଶ୍ଚଳ ।
ଏଠିସେଠି ହାସ୍‌ପାତାଳରେ
ନା ଅଛି ବେଡ୍, ନା ଅକ୍ସିଜେନ୍
ଶବ ପଛକୁ ଶବ
ଜୁଇ ପାଖକୁ ଜୁଇ
ନିଆଁ ଧୂଆଁରେ ବିବର୍ଣ୍ଣ ଦିଶୁଚି
ସାରା ନଈକୂଳ ।
ବୋବାଳି ଛାଡୁଥାନ୍ତି ଅନୁଭବି
ଭୁକ୍ତଭୋଗୀ ପରିବାର ଲୋକ ।
ଏବେ ଖୋଲିଗଲାଣି କିଛି କିଛି ରାସ୍ତା
ଜୀବିକାର ଥଇଥାନ ଲାଗି
ତଥାପି ଅଧୁରା ରହିଚି

ପାଉଣାର ଉଚିତ ଭରଣା ।
କିଏ କ'ଣ ଆକଳନ କରିପାରେ
ଆଗନ୍ତୁରା ମହାମାରୀ
ବହୁରୂପୀ କୋପ କାୟା ଛାୟା ।
ଅପେକ୍ଷା ବ୍ୟତୀତ, ଆଉ କ'ଣ ଅଛି ତା'ର
ନଗଦ ବିକଳ୍ପ ।
କରୋନା ତ କଂସାରୀ ଘରର ପାରା
ଭୟ କରେ କି ?
ଧୂପ ଧୂଆଁ କର୍ତାଳ ଓ ହୁଳହୁଳି ଶବ୍ଦ
ଖରା ବର୍ଷା ଶୀତ ଜଡ଼ କୁହୁଡ଼ି କାକର ।
ବରଂ ନିଃଶବ୍ଦରେ ସଞ୍ଚରିତ ହେଉଥାଏ
ଦେହରୁ ଦେହ, ଦେଶରୁ ଦେଶ, ଅନ୍ତର୍ଦେଶ ଯାଏ ।

ଝାଉଁଳା ଚାଲି

ହୁଏତ, ଥକ୍କା ମନ ଅବଶ ଦେହକୁ
ଆଶ୍ରା କରି ଯାଇହୁଏ ଧର୍ମୀୟ ପୀଠକୁ
ଦର୍ଶନ ବି ମିଳିପାରେ ଦିଅଁ ଦେବୀ
ମନୋହର ଦୃଶ୍ୟ।
ମାତ୍ର, କ୍ଷଣଥିଲା ଅଜବ ଅଦ୍ଭୁତ
ବନ୍ଦଥିଲା ସାରା ଦଶଦିଗ
ଘୋଟି ଯାଇଥିଲା ଗହନ ଅନ୍ଧାର
ଭୂଗୋଳର ଏମୁଣ୍ଡ ସେମୁଣ୍ଡ।
ଭୋକାପେଟ, ଶୁଖାକଣ୍ଠ, କ୍ଲାନ୍ତପାଦ
ହାଲିଆ ଶରୀର
ବୋହିବୋହି ପହଞ୍ଚି ହୁଏକି
ଶତସସ୍ର କୋଶ ଦୂର ପ୍ରିୟତମ ଗାଁ ଘରଡ଼ିହ।

ସେମାନେ ଯାଇ ନ ଥିଲେ
ବଣଭୋଜି, ତୀର୍ଥାଟନ, ପର୍ଯ୍ୟଟନ
ଲାଭାଲାଭ ବାଣିଜ୍ୟ ଆଶାରେ,
ଅସ୍ତିତ୍ୱର ଆହ୍ୱାନରେ ଖୋଜୁଥିଲେ କାମ
ପ୍ରବାସର ଲଙ୍କାକ୍ଷେତ, ଇଟାଭାଟି
ହୋଟେଲ, ରେସ୍ତୋରାଁ
ସୁତାକଳ, ଲୁଗାକଳ, ଚଟକଳ
ଛେନାଭାଇ, ପାଣିଭାର, ଠେଲାଗାଡ଼ି
ହାତଟଣା ରିକ୍ସା ପରି କାମ ଭିନ୍ନଭିନ୍ନ।

ହୁଏତ, ଆନ୍ଧ୍ର, କେରଳ, ଚେନ୍ନାଇ, ଗୁଜୁରାଟ
କୋଲକୋତା କି ଆଉଆଉ ପହଞ୍ଚ ପ୍ରଦେଶ।
କରୋନର କରାଳରେ କମ୍ପୁଥିଲା
ଗାଁ ଗଣ୍ଡା, ଦେଶ, ଅନ୍ତର୍ଦେଶ।
ସେମାନେ ଫେରିଲେ ପ୍ରବାସରୁ
ଟ୍ରଲି ବେଗରେ ଥିଲା, ମଉଳା ସ୍ୱପ୍ନ, ଝାଉଁଳା ଆଶା
ପାଦରେ ଥିଲା କଣ୍ଟାଖୁଞ୍ଚାର ଦାଗ
ଦେହରେ ଥିଲା ଅପ୍ରମିତ ତାତି, ପୀଡ଼ା
ସଶରୀର ପହଞ୍ଚି ହେଲାନି ଘରଡ଼ିହ ମାଟି।
କାହିଁକି ଜାଣ ?
ସେମାନେ ନ ଥିଲେ କବି ସ୍ୱପ୍ନର ନାୟକ ନାୟିକା
ଥିଲେ ବାସ୍ତବ ଦୁନିଆର ଯଥାଯଥ ପାଉଣା ପ୍ରତ୍ୟାଶୀ
ରେଜା ଓ ଶ୍ରମିକ
ସେମାନଙ୍କର ଝାଉଁଳା ଚାଲି, ପରାସ ମନ
ଶୂନ୍ୟ ପକେଟ୍, ଦେହ ଭର୍ତ୍ତି ପୀଡ଼ା
ଛିନ୍‌ଭିନ୍ କଲା, କେତେକେତେ କୋମଳ କଲିଜା
ନିମିଷ ଉଭେଇଗଲା ଛୋଟସ୍ୱପ୍ନ ଛୋଟଛୋଟ ଆଶା
ତତ୍କାଳ ଝାଉଁଳିଗଲା କଅଁଳିଆ ବୁଆ
ଅଧାକର୍ଷା, ଅଧା ଫର୍ଚ୍ଛା ଅନାବାଦୀ ଜାଗା।

■

କବଲାର ରଙ୍ଗ

କବଲାର ରଙ୍ଗ କ'ଣ ?
କାଗଜାତ୍‌ର ରାଗ କ'ଣ ? ?
ବିଶ୍ୱାସ କର,
କାହାପାଇଁ କବଲାର ରଙ୍ଗ
କଳା ତ, ଆଉ କାହା ଲାଗି
ସପ୍ତରଙ୍ଗା ମୁଗ୍ଧ ଇନ୍ଦ୍ରଧନୁ।
ମୁଁ ଦେଖିଚି କବଲାର ରଙ୍ଗ
ମୁଁ ଭୋଗିଚି ବାପାର ବିଷାଦ,
ତା' ଛାତିର କୋହ, ଆଖିର ଲୁହ
ସମ୍ଭାଳି ସାଇତି
ବିତେଇଚି ଢେରଢେର ବର୍ଷ।
ଦୁଃଖ କ'ଣ ଜାଣ
ବିକ୍ରି ହୋଇଗଲା ପିତୃସ୍ୱତ୍ୱ
କଳା-ଜଳ ଜମି।
ବେଳା ଥିଲା ବିଷମ, ବିଷାଦ
ଆଉ କିଛି ନଥିଲା ବିକଳ୍ପ ?
ଦଶଦିଗ ଥିଲା ଅସ୍ଥିର ଅନ୍ଧାର
ଉଡ଼ାଣର ଆଶାଥିଲା ପ୍ରବଳ ପ୍ରଖର
ମାଣେ କୋଣେ ଜମି ଥିଲା
ଶେଷ ଆଶାବାଡ଼ି।
ସତରେ, ବାପା, ବାସ୍ତୁହରା, ପଡ଼ିପାରେ
ଚରାଚର ମଣିଷର ଭିତର ବାହାରେ। ■

ଭାଗଚାଷ

କ୍ଷତିରେ ଚାଲିଚି ଚାଷ
କରଜରେ ବୁଡ଼ିଚି ଚାଷୀ
ଗୋଟେ ଦାୟରେ, ତାଡ଼ନାରେ
ଜମି ଫେରିଆସିଚି ଭୂମିହୀନ ନାମମାତ୍ର
ଚାଷୀ ନିକଟକୁ।
ଉତ୍ପାଦନର ଅଧାକି ତିନିପା
ଯାହା ମିଳୁ ଚାଷୀ ଲାଗି ଉଭୟ ମଙ୍ଗଳ।
ଭାଗଚାଷୀ ନାଁ, ଗାଁ, ଠିକଣା
ସର୍କାରୀ ତାଲିକାରେ ରହୁ କି ନରହୁ
ଯା'ଆସ ନାହିଁ।
ଏବେ, ଅନ୍ତତଃ, ପହଞ୍ଚି ଯାଇଚି ଜମି
କାମିକା କୃଷକର ଲଙ୍ଗଳ ପାଖରେ
କିରାଣି, ହାକିମ, ଶିକ୍ଷକକି ବ୍ୟବସାୟୀଙ୍କର ବାଟିବାଟି ଜମି।
ସେମାନେ କର୍ଷନ୍ତି ଜମି, ଖାତିର ନ କରି
ଲାଭ, କ୍ଷତି, ଉଞ୍ଚା, ଲୁଣା, ଗହୀର, ଟିକିରା
ପଥୁରିଆ ଜମି ବାଟି ବାଟି ।
ବିଶ୍ୱାସକର, ଚାଷ ଲାଗି ଜମିର ଯୋଗାଣ
ଏବେ ଏବେ ଅଧିକ ହୋଇଚି
ଓଡ଼ିଶାର ଉପକୂଳ ଜିଲ୍ଲା ସମୂହରେ।
ଜମି! ତମକୁ ପାଇବା ଲାଗି
ଲଢ଼ିବାକୁ ପଡୁନାହିଁ ଆଉ
କଚେରି ସାମ୍ନାରେ

ସହିବାକୁ ପଡୁନାହିଁ; ପୁଲିସର ଲାଠି ଗୁଳି
ଜେଲ, ଜରିମାନା।
ଜମି ! ଭଲ ହେଲା, ତମେ ଆସିଗଲ
ଅସଲ କୃଷକ ପାଖକୁ,
ସେମାନେ ଲୋଡୁଥିଲେ ବହୁବର୍ଷ ଧରି।
ଭାଗଚାଷ !
ତମେ ଆଇନରେ ଆସକି ଲଢ଼େଇରେ
ଚାପରେ ଆସକି ତାଡ଼ନାରେ
ତମେ ଆସିବା ଦିନଠୁ
ଅଭୁକ୍ତ ଚାଷୀ ଚାଷୁଣୀ ହାଣ୍ଡିଶାଳ ଘର
ଜଳିଲାଣି ଚୁଲି ବରାବର
ପିଲା କବିଲାର ପୂରିଲାଣି ପେଟ
ଲୁଚିଲାଣି ଉଲଗ୍ନ ଶରୀର।
ଘରବାଡ଼ି ଖଳା ଚାରିପାଖ ପହଁରୁଚି
କଳେଇ ପୁଞ୍ଜିର ମୃଦୁମୃଦୁ ହସ।
ଉଁଷା ଶୁଖା ପାଛୁଡ଼ା ପାଛୁଡ଼ି କାମରେ
ବିତିଯାଏ ଚାଷୁଣୀର
ସକାଳ ଦିପହର ରତରତ ବେଳା ଠାରୁ
ନିଶାର୍ଦ୍ଧ ଅବଧି।

■

ସର୍ତ୍ତ କବଲା

ଜମି ବିକା କିଣା ବିପଣିରେ
କବଲା କେଉଁଠି
ସସର୍ତ୍ତ ଥିଲା ନା ହବ !
ସବୁଠି ସବୁ ସମୟରେ
କବଲା ହି ହୋଇଥାଏ ବିକ୍ରି କବଲା ।

ବାୟାର ଦାରିଦ୍ର୍ୟ
ମୁସ୍ତରିର ଭୂମି ଭୋକ
ଚରାଚର ଉଦ୍‌ବାସ୍ତୁ କରିଚି
ମାଣେ ଅଧେ ଜମିଥିବା
ନାମମାତ୍ର ଚାଷୀ ।
ମୁସ୍ତରିର ମନଭେଦୀ ଶବ୍ଦ
ବୁଝିବାକୁ ଅସମର୍ଥ
ବାୟାମଣିଷର ଅନୁର୍ବର ମଥା ।

କ'ଣ ଥାଏ ସର୍ତ୍ତ
କେତେ ନିବୁଜ ନିର୍ମମ ତା'ର ଗଣ୍ଠି
କେତେ ଅପହଞ୍ଚ ତା'ର କାୟା କଳେବର ?
ପରିଶୋଧ କରିଲେବି ମୂଳ, ସୁଧ
କଡ଼ାଗଣ୍ଡା ପଣ
ଭୂମିଲୋଭୀ ମୁସ୍ତରି ଫାନ୍ଦରୁ
ଫେରେ ନାହିଁ ଜମି, ବାୟା ରେକର୍ଡ଼କୁ ।

ବିଶ୍ୱାସ କର, ଅଭୁକ୍ତ ବାୟା ସବୁ
ଏମିତିକା ତଳକୁ ଖସନ୍ତି
ଓହ୍ଲେଇ ଆସନ୍ତି ବାସ୍ତୁହରା
ନିସ୍ତରଙ୍ଗ ଥାକ।

ଗାଁ ପୋଖରୀ

ଗୋଟେ ଜଳ ଉତ୍ସର ନାମ ପୋଖରୀ
ନିର୍ବିକାର ଗଣ ସ୍ନାନର ଥାନ ପୋଖରୀ
ମାଛ, କଇଁଚ, କଙ୍କଡ଼ାର ନିର୍ଭର ବାସସ୍ଥଳୀ
ପାଣିକୁଆ, ମାଛରଙ୍କା, ସଲିରିଙ୍କ
ଆହାରର ଉତ୍ସ : ପୋଖରୀ
ଧୁଆଧୋଇ, ସଫାସଫି, ଶୋଷ ମେଣ୍ଟଣର
ଶେଷତମ ଆଶା ଗାଁ ପୋଖରୀ।
ତମ ଖନନର ପ୍ରଥମ କୋଦାଳ ଚଟା
ହୁଏତ ଚୁମିଥିବ ୧୯୫୨ ମସିହା
ଫଗୁଣର ପାହାନ୍ତା ସକାଳ।
ଏତେ ବର୍ଷ ପରେ, କେମିତି ଯେ ମାପି ହେବ
ଜଳ କ୍ଷେତ୍ରଫଳ
ପ୍ରସ୍ଥ ପ୍ରସ୍ଥ ଚିଙ୍ଗୁଡ଼ି ଦଳରେ ଭରପୂର
ଜଳର ପରିଧି।
ଦେଖିବତ ଦେଖ,
ମେଘାଛନ୍ନ ସକାଳରେ
ପୋଖରୀର ଦୃଶ୍ୟ
ଦଳ ଛାଡ଼ି ବାହାରି ଆସନ୍ତି
ଚିଙ୍ଗୁଡ଼ିଙ୍କ ସବୁ ପରିବାର
ଗ୍ରାମବାସୀଙ୍କୁ ମିଳିଯାଏ ଏକାଧିକ
ଦିବସର ଆମିଷ ଆହାର।
ପର୍ବାଣିରେ ଦୁଲ୍‌ଦୁଲ୍ ହୁଏ

ପୋଖରୀର ବଗଚରା ଭୂଇଁ
ତାସ୍, ଲୁଡୁ, ବାଗୁଡ଼ି ଓ ଝୁଲଣାରେ
ମସ୍ତ ହେଉଥାନ୍ତି ଯୁବଯୁବା ବାଳକ ବାଳିକା।
ନିଆରା ଦିନରେ ବିଶ୍ରାମ ଦିଅନ୍ତି ଠାକୁରାଣୀ ଦାସୀ।
ବେଳେବେଳେ ଯୁବକଙ୍କ ପୋଖରୀ ପହଁରା
ଯୁବତୀଙ୍କ ସାବୁନ ଘଷା ଦେହ
ମୁକୁଳା ଛାତିର ବାସ୍ନା, ଶୋଷି ନେଇଥିବ
ତୁଠର ପଥର।
ବିତିଗଲାଣି ବାଇଶି ବର୍ଷ
ପଣ କରିଥାନ୍ତି ଗାଁର ଯୁବକ
ଭରତ, ପ୍ରଭାତ, ସୁଦର୍ଶନ, ମହେଶ୍ୱର ନାୟକ
ସଫେଇ କରିବା ଲାଗି
ଦଳଭର୍ତ୍ତି ଜଳ କ୍ଷେତ୍ରଫଳ।
ଜୀବିକା ଦାୟରେ ଏବେ
ପ୍ରଭାତ ଦିଲ୍ଲୀରେ,
ବିଲବାଡ଼ି, ବେଉସାରେ ସୁଦର୍ଶନ
ଆରପାରିରେ ମହେଶ୍ୱର
ବିଜନରେ ଏକାଏକା ସ୍ମରଣ କରୁଚି
ସେମାନଙ୍କ ଗାଁ ପ୍ରେମ ମାନବୀୟ ଦିଗ।

■

ଶସ୍ୟ

ଯେଉଁଠି ଅମଳ ହେଉ ଶସ୍ୟ
ବିଲ ବାଡ଼ି ଫାର୍ମ
ଯେଉଁଠି ରହୁ, ଅଖା, ବସ୍ତା
ଅମାର, ମରେଇ, ଗୋଦାମ, ପଣ୍ୟାଗାର
ପ୍ରତି ଦାନାରେ ଥିବ ଚାଷୀ ଚାଷୁଣୀର
ପୀଡ଼ା, ପରାସ, ଅନାଦେୟ ହକ୍।
ପଥର ପରି ପିଠି, ଲୁହା ଭଳି ହାତ
ଉଦାର ଆକାଶ ଭଳି ମନ
ସହିଥିବ କେତେକେତେ ମୌନ ଦରଜ
ଅପ୍ରମିତ ଜଞ୍ଜାଳ ଜଖମ।
କାହାର ବେଳ ଅଛି, ବିବେକ ଅଛି
ଭେଦିବାକୁ ଚାଷୀ ପ୍ରାଣ, ଚାଷୀ ମନ
ଭିତର ବାହାର।

ବୁଣାଦିନରୁ ବିହନ, ରୁଆ ଦିନରୁ ତଳି
ବାହାରିବା ଯାଏ ଥୋଡ଼
ବିନିମୟ ହେବାଯାଏ ଫଳନ୍ତି ଫସଲ
ବାରବାର ଭେଟିଥିବ ପାଟବିଲ ସବୁଜ ମହିମା
କାକର ଭିଜା ସରୁହିଡ଼ ଦଣ୍ଡାହିଡ଼ ଛନ୍‌ଛନ୍ ଘାସ
ଆହୁରି ବି ଭେଟିଥିବ ଆହାର ଖିଆ କଷିଧାନ
କିଆରି କିଆରି।
ଶୁଂଘିଥିବ ଧାନର ମହକ

ଦେଖିଥିବ ପବନରେ ନାଚୁ ଥିବା
ଧାନ କାନ୍ଧିକାନ୍ଧି
ସବୁକିଛି ସ୍ମରଣରେ ଥିବ ।
ତେବେବି ଅଧୁରା ଅପଢ଼ା ରହିଯାଏ
ସେମାନଙ୍କ ଚଲାବାଟ ସୁପ୍ତ ଇତିହାସ ।
ଯେଉଁଠି ଥାଉ ଉତ୍ପାଦିତ ଶସ୍ୟ
ସେ ଶସ୍ୟ ତାଙ୍କର, ତାଙ୍କ ଶ୍ରମର
ଦିନଦିନ ମାସମାସ ଭୋଗିଥିବା
ମେହେନତ କଳା ଲୁଣି ଝାଳ ।
ଅଥଚ ମାଫିଆ, ମଧ୍ୟବିତ୍ତ ବେପାରି ବଣିକ
ମୂଲେଇ ନିଅନ୍ତି ହିଡ଼ର ମୁଣ୍ଡରୁ,
ନିରିମାଖି ଚାଷୁଣୀର ହାତ ଲିପା ଖଳାର ଗର୍ଭରୁ
ସରୁ, ମୋଟାଧାନ
ସବୁବର୍ଷ ଅମଳ ଅଧ୍ୟାୟ ।

ପଥରର ପ୍ରତିଧ୍ୱନି

ଗାଁ ଉପର ମୁଣ୍ଡରେ
ଢେଉ ଢେଉକା ହୁଡ଼ି, ହୁଡ଼ିଆ
ଚଟିରି, ପାହାଡ଼
ତା' ତଳକୁ ପଥର ଭଙ୍ଗା ଖାଦାନ
ଅସ୍ତିତ୍ୱର ଆହ୍ୱାନରେ
ସେମାନେ ଗେଟି ପିଟୁଥାନ୍ତି
ସକାଳରୁ ସଞ୍ଜା।
କେଳା ବାରିକ, ଗ୍ରାମ : ମୁକୁନ୍ଦପୁର
ଉପଖଣ୍ଡ : ନୀଳଗିରି, ଜିଲ୍ଲା : ବାଲେଶ୍ୱର।
ପ୍ରତିଦିନ ପଥର ଭାଙ୍ଗିବାକୁ ଯାଏ
କାନ୍ଧରେ ଥାଏ ରୁଳ, ଶାବଳ, ମାର୍ତ୍ତୁଲ
ହାତରେ ଥାଏ ହାତୁଡ଼ି
ଗେଟି ପିଟା ପୁରୁଣା ସାଧନ।

ଗୋଟେ ଝୁଙ୍କରେ ଭାଙ୍ଗୁଥାଏ ପଥର
ପିଟୁଥାଏ ଗେଟି
ରତରତ ବେଳା, ଚମକି ଗଲା ଖାଦାନ
କେଳା ବାରିକ ଭାଙ୍ଗିଅଛି ତୁଙ୍ଗିଏ ମେଟାଲ
ଖାଦାନ ପରିଭାଷାରେ କୋଡ଼ିଏ ପାଛିଆ।
ଇସ୍ପାତ ଭଳି ହାତ, ପଥର ପରି ଛାତି
ଉଚ୍ଚତା : ପାଞ୍ଚଫୁଟ, ରଙ୍ଗ : କଳା
ନା, ଥିଲା ଶିକ୍ଷା, ନା ତାଲିମ୍

ତେବେ ବି ଓସ୍ତାଦ
ପଥର ଭଙ୍ଗା କଳା କୌଶଳରେ ।
କେଳା ଭାଇ, କେମିତି ଶିଖିଲ !
ପଥର ଭଙ୍ଗା ଆଦବ କାଏଦା
ଖଣି, ଖାଦାନ, ଚାଷବାସ, ବିଲବାଡ଼ି
ସବୁସବୁ କାମ ଦାମ ଅପୂର୍ବ ଫର୍ମୁଲା ।
ଏବେ ନାହିଁ ଖଣି କି ଖାଦାନ
ନାହିଁ ବି ତ କେଳା ବାରିକର ଇସ୍ପାତି କମ୍ପନ
ଅଛି ତା'ର ପ୍ରତିଧ୍ୱନି, ପ୍ରତିବିମ୍ବ
ସଶବ୍ଦ ସଂଳାପ
ପାହାଡ଼ର ଛାତି ତଳ
ପଲା ଚାରିପାଖ ।

■

ପଥର ଭଙ୍ଗାଳି କେଳା ବାରିକଙ୍କୁ....

ଛେଉଣ୍ଡର ଛାଇ

ଏତେ ସହଜ ନୁହେଁ ପଢ଼ିବାକୁ, ବୁଝିବାକୁ
ବାପ ଛେଉଣ୍ଡ ସନ୍ତାନର ଭିତର ବାହାର
ମାଆ ଗୌରୀ, ଦୁଇ ଭାଇ ବୁଦ୍ଧିଆ, ଶଙ୍କରା,
ଭଉଣୀ ଜୁଲୁକି ସହ
ବୁଲିଚନ୍ତି ଏଠି ସେଠି ବଜାର, ସହର ।

ଆପଣାର ଦାନା କନା ଲାଗି
ହୋଟେଲର ଅଇଁଠା ବାସନ
ଧୁଆଧୋଇ ସଫାସଫି କାମ ଥିଲା
ଜିଇଁବାର ଶେଷ ଆଶ୍ରା ବିନ୍ଦୁ ।
ବହୁଦିନ, ବହୁରାତି, ବହୁବର୍ଷ, ବିତିଥିବ
ଶାରୀରିକ, ମାନସିକ
ଅବସାଦ ବିଷାଦ ଭିତରେ ।

ଯୁବତୀ ବିଧବା ଗୌରୀ ସେଠୀ / ଗ୍ରାମ : ସିକିଡ଼ିଆ
ପୋ : କାଣ୍ଡଗରଡ଼ି, ଜିଲ୍ଲା : ବାଲେଶ୍ୱର
ହଜମ କରିଥିବ କେତେ କେତେ
ନିନ୍ଦା ଅପବାଦ
ଶକ୍ତ କରିଥିବ ପାଦ
ଟାଣ କରିଥିବ ଗର୍ଦ୍ଦନ
ଅଣହେତୁ ସନ୍ତାନଙ୍କୁ ଦେଖେଇ ଦେବାକୁ
ଅନ୍ଧାରର ଆରପାରି ରାସ୍ତା ।

କେବେ ପାହିବ,
ସେମାନଙ୍କ ଅପେକ୍ଷାର ରାତି
ପୂର୍ବାଶାରେ ସିନ୍ଦୂରା ଫାଟିବ
କେବେ... କେବେ... କେବେ।

ଗାଁ ଯୁବକ

ଆମୂଳ ବଦଳିଲାଣି ଗାଁ ଗଣ୍ଡା ପୂର୍ବ ପରିବେଶ
ବଦଳିଗଲାଣି ଗାଁ ଯୁବକର ପିନ୍ଧିବା ଅଭ୍ୟାସ
ଖଦୀ, ଲୁଙ୍ଗି, ଗାମୁଛା, ଚହମି, ହେଲାଣି ପୁରୁଣା
ଜିନ୍ସ, ବରମୁଡ଼ା, ବେନିୟନ, ୱାନଥାର୍ଡ଼,
ଟୁଥାର୍ଡ଼ ପିନ୍ଧା ପରିପାଟି ଯେମିତି ତା'
ଅଭିଜାତ ଅଂଶ।
ବଦଳିଗଲାଣି ଖାଦ୍ୟାଭ୍ୟାସ
ସକାଳ, ସଞ୍ଜ, ଦିପହର ରାତି
ଯା'ଆସ କଲେଣି ବନ୍ଧୁବର୍ଗ, ହାଟବଜାର,
କୋର୍ଟ, କଚେରି, ହସ୍‌ପିଟାଲ, ନର୍ସିଂହୋମ୍
ଯାନିଯାତ୍ରା, ମେଳା ମଉଛବ
ସାଇକେଲ, ସ୍କୁଟି, ବାଇକ୍, ଟିଭିଏସ୍, ଲୁନା ସ୍କୁଟରରେ।
ଘରେ ଘରେ ଦି ଚକିଆ ଗାଡ଼ି,
ପକେଟରେ ଶୋଭାପାଏ ନୂଆନୂଆ ସ୍ମାର୍ଟଫୋନ୍ ସେଟ୍।
ଦାଣ୍ଡ ବଙ୍ଗଳା କାନ୍ଥରେ ଝୁଲୁଥାଏ ଏଲଇଡ଼ି ଟିଭି
କେବୁଲ, ଡିସ୍, ଟାଟାସ୍କାଏ ଯୋଡ଼ିଦିଏ
ରାଜ୍ୟ ଠାରୁ ଅନ୍ତର୍ଦେଶ ନଗଦ ଖବର
ଯାତ୍ରା ସିରିଏଲ୍, କାର୍ଟୁନ, କମେଡ଼ି।
ବଦଳି ଗଲାଣି ଭିତର ବାହାର ରୋଜଗାର ରାସ୍ତା
ଦେଶୀ ବିଦେଶୀ ପାନୀୟ
ମିଳିଲାଣି ପ୍ରତ୍ୟେକ ଛକରେ।
ଯା' ଏବେ ମିଳେଇ ଯା'

ହଜାର ବର୍ଷରୁ ଜମାଟ ବାନ୍ଧିଥିବା
ଗାଁ-ସହର ଅଭେଦ୍ୟ ପାଚେରି ।
ଓଠିଆ ବିଲର କିଆରି
ପାଲଟିଚି କ୍ରିକେଟ୍ ମହାପିଚ୍ ।
ଗାଁ ଛକ ଦୋକାନ ସାମ୍ନାରେ ଚେସ୍, କେରମ
ତାସପାଲି ଜମେଇଚି ଭିଡ଼,
ସକାଳ ପାହିଲେ, ଶାଗ, ମାଛ, ଦହିବରା ଆଳୁଦମ୍
ମିଳିଲାଣି ହାତ ପାଆନ୍ତାରେ
ଭଙ୍ଗାଟିଣ, ଭଙ୍ଗାଲୁହା, କଣ୍ଟାମଞ୍ଜି
ଶଙ୍ଖା, ଶାଢ଼ି, କମ୍ବଳ, ବେଡ୍‌ସିଟ୍
ଫେରିବାଲା ଫେରି କରୁଛନ୍ତି ଗାଁ ଗାଁ ବୁଲି ।
ଧୂମ୍‌ଧାମ୍ ଜମିଲାଣି ଭିନ୍ନଭିନ୍ନ ପୂଜା ପାରବଣ
ତା' ସତ୍ତ୍ୱେ ଅବୁଝା ଅପଢ଼ା ରହିଯାଏ
ଗ୍ରାମବାସୀ ବିଚରା ଜୀବନ
କାହାକୁ ବି ଦିଶେ ନାହିଁ
ତା' ଶୋକ, କୋହ,
ବିଷାଦ ଓ ଅବସାଦ ମୁହଁ ପରିଭାଷା
ଆର୍ତ୍ତନାଦ, ଅନ୍ଧାରିଆ ଗାତ
ଶୁଣିବାକୁ ବେଳ କାହିଁ
ଆମ୍ବତୋଟା କୋଇଲିର କୁହୁ
କୁଳୁକୁଳୁ ଝରଣାର ନିନାଦିତ ସ୍ୱର
ଉଭେଇଗଲାଣି ହୃଦୟ ସନ୍ଧିରୁ
ମିତ୍ର ଭାବ ପଣ ।

■

କାରୁକଳାର କାରିଗର

ମାଆ ପେଟରେ ଥାଇ
ତମେ କ'ଣ ସ୍ୱପ୍ନ ଦେଖିଥିଲ
ଆଦରି ନେବାକୁ ଖଣିଆ, କୁନ୍ଦୁରା
କାରିଗରି ପେସା ?
ମାଟିତଳେ ଥିଲା ପ୍ରସ୍ତପ୍ରସ୍ତ ପଥରର ଖଣି
ଖଣିର ମାୟା, ପଥରର ପ୍ରେମ
ଆକର୍ଷିଥିଲା ସାରା ଆୟୁଷ୍କାଳ
ପୁରୁଷ ପୁରୁଷ ।
ସକାଳ ପାହିଲେ, ଖଣିମୁହାଁ ହୁଅନ୍ତି ସେମାନେ
ଟାଙ୍ଗି, ମୁଗୁର, ପତାଳି ଯେମିତି
ସେମାନଙ୍କର ସହଜାତ ସାଥି ।
ରାତିରେ ବିକିଥାଆନ୍ତି ଗିଲା, ଘଡ଼ା
ସାରାଦିନ ଶ୍ରମଲବ୍ଧ ଖଣିଜାତ ବସ୍ତୁ ।
ଏବେ ନାହାନ୍ତି ଖଣିଆ, କୁନ୍ଦୁରା
ନାହିଁ ବି ତ ହାତଟଣା କୁନ୍ଦ
ଲେଦ୍, କଟର ମେସିନ ସହଜ କରିଚି
ସେମାନଙ୍କ ଦିନଭର୍ ଝାଳବୁହା ଶ୍ରମ ।
ଜୀବନର ପୂର୍ବାହ୍ନରେ ଭେଟିଥିବି
କେତେକେତେ ଖଣିଆ କୁନ୍ଦୁରା
ସଚ୍ଚି, ଶ୍ରୀଧର, ଚକରା, ଦିବଂଗତ
ଢେର ଢେର ପଥୁରିଆ ଶିଳ୍ପୀ ।
ଏବେ ହାତ ପାଆନ୍ତାରେ ପଥର ମୂର୍ତ୍ତି

୫୮ | ଭରତ ବେହେରା

ପ୍ରଶିକ୍ଷଣ ସଂସ୍ଥା
ସମ୍ଭବତଃ ଖଣିଆର ନୂଆ ନାମ
ଶିଳ୍ପୀ କାରିଗର ।
କୁହତ, କେତେଦୂର ଖଣିଆରୁ କାରିଗରି ପେସା
ମାଟିପିଣ୍ଡା ଠାରୁ ପକ୍କାଘରର ମାର୍ବଲ ଚଟାଣ
ପାଦର ପାହୁଣ୍ଡ ଠାରୁ ବାଇକ, କାର, ଟ୍ରାକ୍ଟର ଦୂରତା
ବରଡ଼ା ବିଞ୍ଚଣା ଠାରୁ ଏସି ତଳ ଶୀଳତ ପବନ ? ? ?
ବାରବାର ଭେଟ ହେଇଚନ୍ତି ଶିଳାଶିଳ୍ପୀ
ସଦାଶିବ, ବିଳାସିନୀ, ଶରତ ନାୟକ
ଶଙ୍କରା, କଇ ବେହେରା, ଯୁଧିଷ୍ଠିର, ରବି
ଭାସ୍କର, ଅକ୍ଷୟ ପଣ୍ଡା, ମହେନ୍ଦ୍ର ପ୍ରଧାନ
ବାପି, ମକରା ବେହେରା, ଗୋକୁଳ ନାୟକ
ଅଜୟ ପଣ୍ଡା, ଭରତ ନାୟକ, ହରେକୃଷ୍ଣ ବାରିକ
ଲକ୍ଷ୍ମଣ ରାଉତ, ନରେନ୍ଦ୍ର ମହାନ୍ତି, ଟୁଟୁ ନାୟକ
ଶ୍ରୀକାନ୍ତ ବେହେରା,
ମାଧବ ମହାପାତ୍ର, କରୁଣି ସାମଲ, ବୁଦ୍ଧିଆ ନାୟକ
ଗଣ ରାଉତ, ବାବାଜୀ ସେଠୀ, ଆନନ୍ଦ ରାଉଳ
ଢେରଢେର କାରୁକଳା ଶିଳ୍ପର ନାୟକ ।
ତମ କାରୁକଳା ଶିଳ୍ପର ବାସ୍ନାରେ
ମହୁକୁଚି ମାଟି, ପାଣି, ପବନ ଆକାଶ
ଚୁଲି, ଚୁଲା, ହାଣ୍ଡିଶାଳ ଇଶାଣ କୋଠରି
ପାଖ ଗାଁ ଦୂର ଗାଁ ବିସ୍ତୀର୍ଣ୍ଣ ମୁଲକ ।

■

ଗଣରାଜ୍ୟ

ଏମିତି କେଉଁ ଭୂମି ଅଛି
ଦେଶ ରାଜ୍ୟ ଅଛି
ଯେଉଁଠି ନଥିବେ ଗତିଶୀଳ ଗଣ
ନଥିବ ବି ଗଣଗଙ୍ଗା ସ୍ରୋତ ।
ଗଣଶକ୍ତି ଗଢୁଥାଏ ଦେଶରାଜ୍ୟ
ତ୍ରିପୁର ଉଆସ ।
ଗଣଗଙ୍ଗା ଫଳାଏ ଫସଲ
ଉଞ୍ଚା ଖାଲ ବିଲବାଡ଼ି ବାଟିବାଟି ଚାଷ
ଅଥଚ, ଗଣଥାଏ ସମ୍ବଳ ରହିତ
ସାରା ଆୟୁଷ୍କାଳ, ପୁରୁଷ ପୁରୁଷ ।
ଗଣରାଜ୍ୟ କ'ଣ
କ'ଣ ତା'ର ବିଶେଷ ଲକ୍ଷଣ ? ?
ଗରିବ ଗଣ ନା ଗରିମା ମଣ୍ଡିତ ଗଉଁମାନେ
ଥିବେ ତା'ର ଅଗ୍ର ଅଧିକାରୀ ।
ଗଣ ରାଜ୍ୟରେ କ'ଣ, ଥିବନାହିଁ
ଭେଦାଭେଦ ଉଚ୍ଚନୀଚ କଷଣ ପୀଡ଼ନ
ସେଠି କ'ଣ ଆଶୁତୋଷ ପରିଡ଼ାଙ୍କ ଚଣ୍ଡାଳ ମଣିଷ
ଭରତ ବେହେରାର ଭାମା, ଲକ୍ଷ୍ମୀ, ସାବୀ, ଉମା ରେଜା
ହୃଷୀକେଶ ମଲ୍ଲିକଙ୍କ ଧାନ ସାଉଁଟା ଝିଅ
ପୀତାମ୍ବର ତରାଇଙ୍କ ଅଭାଜନ ଲୋକ
ପ୍ରଦ୍ୟୁମ୍ନ କେଶରୀଙ୍କ ଅଭାଗିନୀ ନାରୀ
ବାସୁଦେବ ସୁନାନୀଙ୍କ ହଜୁତାଣ୍ଡି, ପୋଡ଼ା ମାଝୀ

ରାଇସିଂ ଜାଲ
ସୁଚେତା ମିଶ୍ରଙ୍କ ମଧ୍ୟବିତ୍ତ ସୁହାସିନୀ ଦେବୀ
ଭାରତ ମାଝୀଙ୍କ ରାମା ଶାମା ଦାମା
ନୃସିଂହ ତରାଇଙ୍କ ଅଚିହ୍ନା ମଣିଷ
ଗାୟତ୍ରୀ ବାଳା ପଣ୍ଡାଙ୍କ ଅଛୁଆଁ ମହିଳା
ପାଇବାକୁ ହକ୍‌ଦାର ଥିବେ ସାମାଜିକ ନ୍ୟାୟ !!
ନା, ନିଃଶବ୍ଦ ଜ୍ୱଳନରେ ସିଝୁଥିବେ ପୁରୁଷ ପୁରୁଷ
ପିଢ଼ି ପରେ ପିଢ଼ି ।
ଏଠି ଗଣ ଅଛି, ଗରିବାନା ବି
ମାଟି ଅଛି, ମାଟିର ମଣିଷ ବି
ରହିଚନ୍ତି ଥାକଥାକ ହୋଇ
ଆଦିମ କାଳରୁ ।
ଗଣ କ'ଣ ପ୍ରକୃତରେ ସଭ୍ୟତାର ଖମ୍ବ
ନା ଗୋଟେ ବ୍ରାଣ୍ଡ, ଚିହ୍ନିତ ବିମ୍ବ
ନା, ଠିକ୍‌ଠାକ୍ ପଢ଼ାଯାଏ ସେମାନଙ୍କ
ମନ ଆତ୍ମା ଅଥୟ ଅସ୍ତିତ୍ୱ !

■

ଦେଶର ରଙ୍ଗ

ବନ୍ଧନରୁ ମୁକ୍ତ ହେବା ଲାଗି
କଙ୍କାଳ ବି ଗାଉଥିଲା ଗୀତ
ମୁଣ୍ଡାମୁଣ୍ଡି ଭାରତ ଭୂଗୋଳ
ସେଦିନ ଅନୁଭବ କଲା ଦେଶ
ମୁକ୍ତିର ଥାଏ କେତେ ପ୍ରାଣମୟ
ଶାନ୍ତି ଓ ସଂପ୍ରୀତି ।
ଦେଶ, ଲିଭିଗଲାଣି ତମ ଦେହର
ଗହୀରିଆ କ୍ଷତ, ଦାଗ, ଦରଜ, ବେଦନା ।
ଦେଶ କ'ଣ କି !
ଗାଁ, ଗଣ୍ଡା, ଗୋହିରି, ଗୋଦଣ୍ଡା
ବିଲବାଡ଼ି, ନଈନାଳ ପାହାଡ଼ ଝରଣା
ସହରର ପଡ଼ା ବସ୍ତି ସାହି
ତଳ ଉପର ମଧ୍ୟ ଥାକ ମଣିଷର
ଗହଳି ଚହଳି
ଫାର୍ମ, ଫ୍ୟାକ୍ଟରୀ, ଶିକ୍ଷଗୃହ
ଭଳିଭଳି ଅନୁଷ୍ଠାନ କୋଠା ।
ଏବେ ବଦଳିଚି କୃଷି ଶିଳ୍ପ ବାଣିଜ୍ୟ ବେଉସା
ବଦଳିଚି ଚାରୁକଳା, କାରୁକଳା
ଅନ୍ୟସବୁ ଶିଳ୍ପକଳା ରଙ୍ଗ ତୂଳି ବାକ୍ସ
ବଦଳିଚି ଦେଶର ବି ରଙ୍ଗ, ରାଗ, ଲୟ
ବଦଳିଚି ମଣିଷର ମର୍ମ ମାନଚିତ୍ର ।
ଦେଶ, ତମ ଯାତ୍ରାର ଦିଗନ୍ତ କମ୍ କି !

ନିଶ୍ଚୟ ଭେଦିବାକୁ ହେବ ଯାହାସବୁ ରହିଚି ଅବଧି
ପତିତ ପଡ଼ିଆ
କର୍ଷିବାକୁ ହେବ ଲଙ୍ଗଳ, ଟିଲର
ଟ୍ରାକ୍ଟର ଫାଳରେ,
ଦମ୍ଭଧରି ଚାଲିବାକୁ ହେବ ଅସରା ପାହୁଣ୍ଡ।
ଦେଶ, ତମେ କ'ଣ ଭଲପାଅ ରହିବାକୁ
ଉଞ୍ଚାଉଞ୍ଚା କୋଠାର ଶୀର୍ଷରେ ?
ଥରେ ଚାହଁତ ଝୁଗି ବସ୍ତି ଧାନବିଲ
ରାସ୍ତାଘାଟ, କାର୍ଖାନାରେ ଖଟୁଥିବା
ଗେଡ଼ାଗେଡ଼ୀ ଅଭାଜନ ମୁହଁ।
ତମେ ମାତୃଭୂମି ହୁଅକି ଦେଶ
ନିଶ୍ଚୟ ସବୁସବୁ ମଣିଷର
ଅନ୍ତରଙ୍ଗ ଆଶ୍ରୟ ଆବାସ।

■

ବୀଣା ଦିଦୀ

ପ୍ରଶସ୍ତ ପୁର ଭିତରେ ତମେ ଥିଲ
ପୁରନାରୀ ଆଦର୍ଶ ଗୃହିଣୀ
ଥିଲା, ପରିମିତ ଖ୍ୟାତି, ଖାତିର, ଖିଆଲ
ଥିଲା, ପ୍ରତିଷ୍ଠା, ପଦବୀ ।
ରାତାରାତି ବଦଳିଗଲା ଜୀବନର ନକ୍ସା
ନିର୍ବାଚିତ ହେଲ ପ୍ରଥମ ମହିଳା ସରପଞ୍ଚ
ଏବଂ ପରେ ହିନ୍ଦୀ ମାଷ୍ଟ୍ରାଣୀ ।
ସାମ୍ନାପାଖ ଏରୁଣ୍ଡି ବନ୍ଧରେ
ମୌନ ମୁଦ୍ରାରେ ଡାକୁଥିଲା
ମନତଳ ନାୟକର ଶୁଦ୍ଧ ଅନୁରାଗ ।
ପ୍ରେମର ଶକ୍ତି କମ୍ କି !
ପ୍ରେମିଣୀର ପରାକାଷ୍ଠା କମ୍ କି ! !
ପରିପକ୍ୱ ବୟସର ପ୍ରେମ କମ୍ ନିଦା କି ! ! !
ତମ ଜୀବନ ବିନ୍ଦୁରେ ସେ ଥିଲେ କରୁଣା ସାଗର
ତମ ବୀଣାର ତାରରେ ଥିଲେ ସୁର, ତାଳ, ଲୟ ।
ହଠାତ୍ ମେଘାଚ୍ଛନ୍ନ ହେଲା ଆକାଶ
ପ୍ରିୟତମ ମାସ ମାସ ଚିକିତ୍ସିତ ହେଲେ
ଭେଲୋରର ହସ୍‌ପିଟାଲ ବେଡ୍ ।
କେବେ ବାଲେଶ୍ୱରରୁ ତ କେବେ କଟକରୁ
ରାତି ଗାଡ଼ି ମାଡ୍ରାସ ମେଲରେ
କେମିତିକା ଏକାକିନୀ ଯାତ୍ରା କରୁଥିଲ
ବାରବାର ସାଧାରଣ ବଗି ।

କିଏ ଆକଳନ କରିବ ତମ ପ୍ରେମିଳ ରାଗିଣୀ
କେତେ ନିର୍ମଳ ଶାଶ୍ୱତ ଥିଲା ପ୍ରେମମୟ ପୃଥ୍ୱୀ
କେଉଁ ତରାଜୁରେ ତଉଳେଇ ହେବ
ତମ ଦମ୍ଭ, ମର୍ମୀ ମନ, ପରାର୍ଥ ପାହୁଣ୍ଡ ?
ହୃଦୟର କେଉଁ ନିଭୃତ କୋଠିରେ
ସଞ୍ଚିଥିଲ ଏତେ ସ୍ନେହ ଏତେ ପ୍ରେମ
ଶୁଭ ସୁମନାସ ? ?
ଦିଦୀ, ତମେ କ'ଣ ଋଣ ଶୁଝିଦେଲ, ମନ ମଣିଷର
ଏତେ ଏତେ କଳଙ୍କ, ଗୁଜବ, ଟାହି ଟାପରାକୁ
ସସାହସ ଦଳି ଦେଲ ନରମ ପାଦରେ !
ଦେଖତ, ତଳିପାକୁ, ଝାପ୍‌ସା ଝାପ୍‌ସା ଦିଶୁଥିବ
କଣ୍ଟାଖୁଞ୍ଚା ଦାଗ ।
ଦିଦୀ, ତମ ପ୍ରେମ ଥିଲା ଗଙ୍ଗାଜଳ ପରି ପବିତ୍ର, ନିର୍ମଳ
ଆକାଶ ପରି ଉଦାର ଉଦାସ
ମାଟି ଭଳି ସର୍ବ ସହଣିକ ।
ତମେ, ଠିକ୍‌ଠିକ୍ ବୁଝିଥିଲ ପ୍ରେମ ପରିଭାଷା
ଚାଲିବା ବାଟରେ ଆଙ୍କିଥିଲ ପ୍ରେମ ଛବି ପ୍ରେମ ନକ୍ସା ମନ ମଣିଷର
ଦିଦୀ, ତମେ ନୁହଁ କବି ସ୍ୱପ୍ନର ନାୟିକା ପ୍ରେମିକା
ତମେ ଥିଲ ଲିପ୍ତ - ନିର୍ଲିପ୍ତ ପ୍ରେମିଳ ମାନବୀ
ପ୍ରେମବତୀ, ପ୍ରେମମୟୀ ବୀଣାପାଣି ଦିଦୀ ।

■

ସେଇ ଝିଅ

ପୋଖରୀ ଥିଲା ବାପଘର ଶାଶୂଘର
ବିଭାଜକ ସୀମା
ବାହା ହୋଇଥିଲା ଋତୁମତୀ ବୟସ ପୂର୍ବରୁ
କମିଥିଲା ରୂପ ରଙ୍ଗ ଗଢ଼ଣ ଭୂଷଣ
ନିଦାନିଦା ଛାତିଥିଲା ଏକମାତ୍ର
ଆକର୍ଷକ ବିନ୍ଦୁ
ମା' ବି ହେଲା ଅଳ୍ପ ବୟସରେ ।
ଅଚାନକ ଆକାଶରେ ଘୋଟିଗଲା ମେଘ
ଦାସୀ, ପୋଇଲୀ, ସଉତୁଣୀ ହିଁ ହେଲା
ତା'ର ନୂଆ ପରିଚୟ ।
ମାଡ଼ ଗାଳି ଖୁଣ୍ଟା ଗଞ୍ଜଣା ଯେମିତି
ଥିଲା ତା'ର କପାଳ ଲିଖନ
ଲମ୍ବାଥିଲା କାମର ତାଲିକା
ତଳିରୁଆ, ଧାନକଟା, ଧାନଉଁଷା
ଲିପାପୋଛା ଖରକା ଖରକି
ଗୁହାଳ ଗୋବର ସଫା
ଛେଳି ଜଗା ଯେମିତି ତା' ଧରାବନ୍ଧା କାମ ।
ଗଭୀର ପୀଡ଼ାରେ ଆଉଟା
ବେମାରିଆଦେହ, କେତେ ଦିନ
ସହିପାରିଥାନ୍ତା
ଅଚାନକ ବନ୍ଦ ହେଲା ଶେଷତମ
ନିଃଶ୍ୱାସ ପ୍ରଶ୍ୱାସ, ଛୁଇଁବା ପୂର୍ବରୁ

ଏକତ୍ରିଂଶ ସୀମା
ଦୁଇ ଶ' ଛ'ଖଣ୍ଡ ହାଡ଼ ଛଡ଼ା
ଆଉ କ'ଣ ଥିଲା ?
ହୁଏତ ମିଳେଇ ଯାଇଥିବ ଦାନ୍ତୁଡ଼ୀର
ଶାରୀରିକ ମାନସିକ ପୀଡ଼ା
ଜୁଇ ନିଆଁ ଉତ୍ତପ୍ତ ଆଁରେ ।
ସବୁଠୁ ଆଶ୍ଚର୍ଯ୍ୟ ଥିଲା
ତା'ଲାଗି ଅନୁଷ୍ଠିତ ଶୋକସଭା, ସ୍ମୃତି ସଭା
ନିରବ ପ୍ରାର୍ଥନା
ପରିଣତ ହୋଇଥିଲା ଲୁହ ନଈଧାର
ଏ ଗାଁରୁ ଆର ଗାଁ ଯାଏ ।

■

ବାଙ୍‌ଟି ପଡ଼ା

ଏଠି କେତେକେତେ ପଡ଼ା
କାହିଁକି ବ୍ୟଥିତ କରେ
ଓଡ଼ିଆ, ତେଲଗୁ, ଛତିଶଗଡ଼ି
ବାଙ୍‌ଟିପଡ଼ା ମଣିଷଙ୍କ ଓଜନିଆ ଦାଗ।
କେମିତି ପଢ଼ିବ
ସେମାନଙ୍କ ଅବଚେତନର ଗୋଟିଗୋଟି ଶବ୍ଦ ?
ଦେହର ଗଢ଼ଣ ଛଡ଼ା,
ଅନ୍ୟ ସବୁ ଦିଗ ହେଇପାରେ
ସାନସାନ ବିନ୍ଦୁ।
ସେମାନେ ନୁହନ୍ତି ବିଲକୁଲ
ଗେଡ଼ାଗେଡ଼ୀ, ବାଙ୍ଗରାବାଙ୍ଗିରୀ।
ବିବିକ୍ତ ବେଳାରେ ହୁଏତ
ମିଳିଥିବ, ଇତର, ଅଛୁଆଁ, ଅଭାଜନ ମଣିଷର
ତଳ ପରିଚୟ।
କିଏ କହେ କୈବର୍ତ୍ତ, ଧୀବର
ମାଛ ଶୁଖୁଆ କାରବାର କରୁଥିବା
ନିର୍ଦ୍ଧନ ମଣିଷ।
ସେମାନେ ଦେଖନ୍ତି, ସକାଳର ଉଦିତ ସୂର୍ଯ୍ୟକୁ
ନଈନାଳ ପୋଖରୀ ଓ ମଝି ସମୁଦ୍ରରେ
ଟାଣୁଥିବା ବେଳେ ବଡ଼ ବଡ଼ ଜାଲ।
ନିଃସର୍ତ୍ତ ଯୋଗାଇଥାନ୍ତି
ଦୁନିଆର ଆମିଷ ଭୋଜୀଙ୍କୁ

ସ୍ୱାଦିଷ୍ଟ ଆହାର ।
ହାଟ ବଜାରର
କାରବାର ବେଳେ, କିଣାଳିଙ୍କ କାମାସକ୍ତ ଆଖି
କେମିତିକା ଲାଖିଯାଏ ବାଙ୍ଗଟିଣୀ ବାଳିକା ବିଧବା
ନବବଧୂ ଉଞ୍ଚାଉଞ୍ଚା ଛାତି ନିକଟରେ
ସେମାନେ ଥାଆନ୍ତି କିନ୍ତୁ ଉଦାସ ନିର୍ଲିପ୍ତ
ହୁଏତ ଅଲକ୍ଷ୍ୟରେ ଖସି ଯାଇଥିବ
ଶାଢ଼ି ଅବା ଆପ୍ରୋନ ଢାଙ୍କୁଣୀ ଛାତି ଓ ପେଟରୁ
କେଳେଇ କାଟିବା ବେଳେ ଛୋଟବଡ଼ ମାଛ ।
କାହିଁ କେତେ ଯୁଗାବଧି
ସୁଅରେ ଭାସି ଯାଇଚି
ପଙ୍କ, ପଠା, ବେଳାଭୂମି ବାଲିରେ ପୋତିଯାଇଛି
ସେମାନଙ୍କ ଜିନ୍ ଓ ଜେନୋମ ।
ଏମିତିକା ପଡ଼ାରେ, ସାହିରେ
ଢୋକେ ପିଇ, ଦଣ୍ଡେ ଜିଇଁ ସହଜ ଶବ୍ଦରେ
ବିତିଲାଣି ପୁରୁଷ ପୁରୁଷ ।
ତମେ କ'ଣ ଅପେକ୍ଷା କରିଚ
ଆପଣା ପିଣ୍ଡାରେ ଥାଇ ଦେଖିବାକୁ
ସକାଳର ମୁକ୍ତ ସୂର୍ଯ୍ୟୋଦୟ
ସନ୍ଧ୍ୟାକାଳ ଆକାଶର ପୂନେଇଁର ଜହ୍ନ ।

■

ଶ୍ୱେତାଙ୍ଗର ଶୋଷ

ହୁଏତ ନିଭୃତ ହୃଦୟର ଗଭୀର ସନ୍ଧିରେ
ଗଚ୍ଛିତ ହୋଇଥିବ ହଜାର ବର୍ଷର
ଗୋରା କଳା ଆବର୍ଜନା ଦାଗ
ଗଚ୍ଛିତ ବି ହୋଇଥିବ ଘୃଣା, ହିଂସା ମୁରବି ପଣିଆ।
ବିତ୍ତ ବୈଭବରେ ତମେ ନିଶ୍ଚୟ
ଖୁବ୍ ବଳୀୟାନ
ଛଦ୍ମ, ଛଳନାରେ ପ୍ରବୁଦ୍ଧ ପ୍ରମତ୍ତ
ଧଳା କଳା କଷଣର ସରୁସରୁ
ବାଟ ନିର୍ଦ୍ଦେଶକ
ଦେଶ, ମଣିଷ ଓ ଅନ୍ତର୍ଦ୍ଦେଶ
କବ୍‌ଜା କରିବାର କଳା
ଜଣାଥିବ ହଜାରବର୍ଷରୁ।
ବର୍ଣ୍ଣ ଭେଦ ଭିଆଣରେ ତମେ
ମହାବଳ ବାଘ।
ତମ ନଖ ଦାନ୍ତ ଝାମ୍ପୁରା ପଞ୍ଝାରେ, ଲିଭାଇ ଦେଇଚ
ଆବ୍ରାହମ୍ ଲିଙ୍କନଠୁ
ମାର୍ଟିନ ଲୁଥର କିଙ୍ଗ୍ ଜୁନିଅର
ଓ ଢେର ଢେର ମାମୁଲି କୃଷ୍ଣାଙ୍ଗର ମଥା।
ଜର୍ଜ ଫ୍ଲଏଡ୍ : ମାମୁଲି ସିକ୍ୟୁରିଟି ଗାର୍ଡ଼
କରୁଣ ହତ୍ୟାର ତମେ ଥିଲ କ୍ରୂର ବର୍ବରକ।
ଜିଇଁବାକୁ ଚାହୁଁଥିଲା ଫ୍ଲଏଡ୍
ସାରା ଆୟୁଷ୍କାଳ।

ଡେରେକ ଚାଉଭିନ : ଶ୍ୱେତାଙ୍ଗ ପୁଲିସର
ନଅ ମିନିଟ୍ ଅଣତିରିଶ ସେକେଣ୍ଡର ଆଣ୍ଠୁଆ ଭୂଷାରେ
ବନ୍ଦ ହେଲା ଫ୍ରଏଡର ନିଃଶ୍ୱାସ ପ୍ରଶ୍ୱାସ ।
ପୁଲିସ ବର୍ଦ୍ଦି ଓ ବର୍ଣ୍ଣ ବିଭାର ବଡ଼ପଣ ଲାଗି
ତମେ କ'ଣ ଦଳିଦେବ
ଛୋଟ ଛୋଟ ମଥା ।
ଫ୍ରଏଡ୍, ତମ କ୍ଷୀଣ ନିଃଶ୍ୱାସର ଶବ୍ଦ
ପ୍ରତିବାଦୀ ଦାନା ବାନ୍ଧିଥିଲା ବିଶ୍ୱ ମୁଣ୍ଡାମୁଣ୍ଡି
'ବ୍ଲାକ୍ ଲାଇଫ ମେଟାର' ନାମରେ ।

■

ବିଦ୍ର :୨୫.୫.୨୦୨୦ ମସିହା ଆମେରିକାର ମିନେଆପଲିସିରେ ଶ୍ୱେତାଙ୍ଗ ପୁଲିସ ଅଫିସର ଡେରେକ ଚାଉଭିନ୍‌ର ଆଣ୍ଠୁଆ ଭୂଷାରେ ନିହତ କୃଷ୍ଣାଙ୍ଗ ସିକ୍ୟୁରିଟି ଗାର୍ଡ଼ ଜର୍ଜ ଫ୍ରଏଡ୍‌ଙ୍କୁ...

କୈଶୋରର ମୂଲ

ସାରା ଗାଁରେ ଥିଲା କୈଶୋରଙ୍କର ଭିଡ଼
ସେମାନେ ହେଇ ପାରନ୍ତି ଶୁକ, ଗୁରା, ଗୌରାଙ୍ଗ, କରୁଣା
ସୁଦର୍ଶନ, ରଘୁନାଥ, ସିରିଆ, ଖୁକନ
ବୁଢ଼ା ପାତ୍ର, ଜୁଲୁକ ଓ ଧୁମା।

ସମସ୍ତଙ୍କର କୈଶୋର ସମୟ, ବିତିଥିବ
ମଧ୍ୟବିତ୍ତ, ମହାଜନ ସାହୁକାର ଘର
ବାରମାସିଆର ମୋହର ଝୁଲାଇ।
ଲୋକକଥା ଅଛି କ'ଣ ଜାଣ ?

ବସିଖାଏ ନାହିଁ କେବେ
ବାରମାସିଆ ମଣିଷର ପେଟ
ଘାସ ଖାଏ ନାହିଁ କେବେ
ପୋଷା ପ୍ରାଣୀ ବିଲେଇ ସକଳ।

ସକାଳରୁ ନିଶାର୍ଦ୍ଧ ଅବଧି
ବାରମାସିଆର ଛାତିତଳେ ଲେଖାଯାଇଥାଏ
କାମ... ଖାଲିକାମ... ଅବିରତ କାମ।
ପଚାରନି କାମର ତାଲିକା
ପଚାରନି ସକାଳ ଦିପହର ଉପର ବେଳା
ଅବା ରାତି ବେଳା କାମ।
ମଧ୍ୟ ବିଂଶ ସମୟ ଖଣ୍ଡରେ

ମଧ୍ୟବିତ୍ତ, ମହାଜନ, ଧନୀ ଚାଷୀଙ୍କର
ଘରଦ୍ୱାର, ବିଲବାଡ଼ି, ଗୁହାଳ ଗୋବର
ଖଳାନିପା କାମ ଅସୁମାରି
ଖଟିଖଟି ବାଙ୍କି ଯାଇଥିବ
ସେମାନଙ୍କ ଶକ୍ତ ମେରୁଦଣ୍ଡ
ରସି ଯାଇଥିବ ଦୁଇଶ’ ଛଅଖଣ୍ଡ ହାଡ଼
ଅକସ୍ମାତ ଖସିପଡ଼ିବକି ଝଣ ଝଣ ହୋଇ
ସବୁସବୁ ଅସ୍ଥି ଉପାସ୍ଥି ।

ପୂର୍ବାଶାରେ ଫାଟିଲା ସିନ୍ଦୂରା
ଫର୍ଚ୍ଚା ହେଲା ଅବରୁଦ୍ଧ ଜୀବନର ରାତି
ପୂରିଗଲା କଣ୍ଟ
ଫେରନ୍ତି ଗାଁକୁ,
ମାଟି ପିଣ୍ଡାରେ ବସି ରୋମନ୍ଥନ କରୁଥାନ୍ତି
ବିଗତ ବର୍ଷର ହାଡ଼ଭଙ୍ଗା ଖଟଣିର ବେଳା ।
କିଏ ପଢ଼ିବ କୈଶୋରଙ୍କ ଶ୍ରମ ଇତିହାସ
ମୂଲ୍ୟାୟନ କିଏ ସେ କରିବ
ବାରମାସିଆର ବୁକୁଫଟା ବେଦନାର ପୃଷ୍ଠା ।

ପଚାରନି ଏବକାର ହାଲ୍
ହୁଏତ ଥକାମନ ଥକାଦେହ
ଥକାପାଦରେ ସଞ୍ଚରିତ କରି ନୂଆବଳ
ନୂଆ ଆଶା ନୂତନ ବିଶ୍ୱାସ
ସେମାନେ ଟାଣ କରିବେ
ପାଦ ତଳ ମାଟି
ଚାଲୁଥିବା ଯାଏ ଶେଷତମ
ନିଃଶ୍ୱାସ ପ୍ରଶ୍ୱାସ ।

କିଆରି କୋଣରେ ଚାଷୀ

କେବେ ନ ଥିଲେ, ଆଜିବି ନାହାଁନ୍ତି କେହି
ତମ ଆଗରେ, ପଛରେ, ମଝିରେ ପାଖରେ ।
ତମେ ଥାଅ କପଟୀଙ୍କ ଏକମାତ୍ର ସ୍ଲୋଗାନ ଶବ୍ଦରେ
ଦାବିପତ୍ରରେ ବିନ୍ଦୁଟିଏ ହୋଇ ।

ହଉ ଯେଉଁ ରଙ୍ଗର ପତାକା
ହୁଅନ୍ତୁ ଯେଉଁ ବର୍ଗର ପ୍ରତିଭୂ
ଅଚାନକ ବଦଳି ଯାଆନ୍ତି
ଚଢ଼ିଗଲା କ୍ଷଣି ଉପର ପାହାଚ ସୀମାରେ ।
ବାତୁଲି ବାଜେନି ସେମାନଙ୍କ ବଚନ ବାଣରେ
ପରିଣତି ହୁଏ କ'ଣ ଜାଣ !
ଶୂନ୍ୟ, ଖାଲିଶୂନ୍ୟ, ମହାଶୂନ୍ୟମୟ ।

ଦେଖିଚି, ତମର ଉଦାସୀ ମୁହଁ
ନିସ୍ତରଙ୍ଗ ଆଖି, ପହଁରୁ ଥାଏ
ଖଳା, କ୍ଷେତ, ହିଡ଼ବାଡ଼, କିଆରି କୋଣରେ ।
କେହି ଦୟାଳୁ ଈଶ୍ୱର, ଦର୍ଦୀ ନାୟକ
ଭରିଦେବ ନାହିଁ, ତମ ଶସ୍ୟର
ଯୁକ୍ତିଯୁକ୍ତ ଦାମ୍
ତମ ଶ୍ରମର ନ୍ୟାଯ୍ୟ ପାଉଣା ।
ତମେ ତ ମଳିମୁଣ୍ଡିଆ
ନା ଅଛି ଆଗ, ପଛ ନା ମଝି
ତମର ଭିତର, ବାହାର ସବୁଠି ଅନ୍ଧାର ।

ଏବେ ବିଲ ମଝିରେ ଟିଲର, ଟ୍ରାକ୍ଟର, ଥ୍ରେସର
ଶବ୍ଦରେ କମ୍ପୁଚି ସାରାସାରା ଚକ
ବାଟିବାଟି କ୍ଷେତ, ହିଡ଼ମୁଣ୍ଡରେ ଦିଶୁନାହିଁ
ଚାଷୁଣୀ ହାତ ପରଶା ପିଆଜ ପଖାଳ
ଲଙ୍କା ଲୁଣ ଶୁଖୁଆ ଭୋଜନ।
ଯାହା ହଉ ତମର ପରିଚୟ
ପାନ, ଧାନ, କପା, ମକା, ବାଜରା କୃଷକ
ତମର ମାଣେ ଅଧେ ଜମି, ବନ୍ଧା ପଡ଼ିଥିବ
ବ୍ୟାଙ୍କର, ମହାଜନ, ସାହୁକାର
ଲମ୍ବାଲମ୍ବା ଲେଜର ଖାତାରେ।
କରଜ, କଳନ୍ତରର ଅତିରିକ୍ତ ବୋଝ
ନୁଆଁଇ ଦେଉଚି ତମ ଗମ୍ଭୀର ଗର୍ଦ୍ଦନ
ହେ ଚାଷୀ
ପଇଠ କରିବା ଲାଗି କେହି ନାହାନ୍ତି ତମର
ହାଲ୍, ପୁରୁଣା, ଯେତେଯେତେ କର୍ଜ।
ତଥାପି ନିଶ୍ଚୟ ତମେ ଅନ୍ନଦାତା
ଭଲିଭଲି ଦ୍ରବ୍ୟ, ପଣ୍ୟ, ଉତ୍ପାଦର ସରବରାହକ।

ପଥର ଭଳି ସହିଚ
ଖରାବର୍ଷା ଶୀତ ଜାଡ଼, କୋହଲା ପବନ।
ଚିରକାଳ ଅପଢ଼ା, ଅବୁଝା ରହିଯିବ
ତମର ଟାଣଟୁଣ୍ ଜୀବନ ଜୀବିକା।
ଦେଖ, ତମର ଆତ୍ମହତ୍ୟା, ଅପମୃତ୍ୟୁ
ମାର୍ମିକ ଖବର
ଝରାଇବ ନାହିଁ ବିନ୍ଦୁଏ ବି ଲୁହ କାହାରି ଆଖିରୁ
ପତାକା ବି ନଇଁଯିବ ନାହିଁ
ଗୋଟିଏ ମୁହୂର୍ତ୍ତ ସାରାଦେଶ ଜାତୀୟ ଲଜ୍ଜାରେ।

■

ଧୁମା : ଦେଶବୋଧ

ବିନା ସର୍ତ୍ତରେ ସମର୍ପି ଦେଇଚ ଶ୍ରମ
ଯୋଗାଇ ଦେଇଚ ସେବା
ତମ ହାତର ଟିକିଏ ଛୁଆଁରେ
ଭରପୂର ହେଇଯାଏ ଡୋଲି, ଅମାର, ମରେଇ
ଗୋଦାମ ପଣ୍ୟାଗାର।
ସକଳ ଦେଶବାସୀଙ୍କ ଉଦରକୁ
ଯୋଗାଇଚ ସାରାବର୍ଷ ଟନ୍‌ଟନ୍ ଖାଦ୍ୟ
ଧୁମା, ଏ ଦେଶ କ'ଣ ତମର ?
ଶ୍ରମ ତମର, ସେବା ତମର, ସମର୍ପଣ ତମର
ତମର ଉତ୍ତୀର୍ଣ୍ଣ ଶୈଶବ, ଗଜା ତାରୁଣ୍ୟ, ଉଦ୍ଧାପିତ ଯୌବନ
ବିତିଥିବ ସାଆନ୍ତଙ୍କ ଉଆସର
ମୂଲିଆ କି ବାରମାସିଆର ଛୋଟିଆ ନାଆଁରେ
ବାକି ଅର୍ଦ୍ଧେକ ଆୟୁଷ ବିତିଥିବ
କେବେ ବିଲ, କେବେ ବଣ
ଆଉ କେବେ ଠାକୁରାଣୀ ପୂଜା।
ତମେ ଦେହୁରି ହୁଅକି ଦେଶଜ
ଅବଶିଷ୍ଟ ଆୟୁ ବିତିଲାଣି
ଗାଁ ମୁଣ୍ଡ ପାତ୍ରସାହିରେ।
ତମର ଚାରିପୁଅ, ଦୁଇଝିଅ
ପାତିଲୀ ପତ୍ନୀ ଖଟୁଥାନ୍ତି
ଲେବର, ମିସ୍ତ୍ରୀ, ରେଜା
କାମବାଲୀ ନାଆଁରେ।

ଏବେ ଏବେ, ବାର୍ଦ୍ଧକ୍ୟ ବେମାରି ଲାଗି
ଖଟି ପାରୁନି ଧୁମା
ଗାଁ ଗଣ୍ଡାରୁ ମାଗି ଆଣୁଚି
ଭୁଜା, ଚାଉଳ, ପିଠାପଣା
ପର୍ବାଣି ଦିନରେ ।
ନୂଆ ଖାଇବାକୁ ତା'ର ଅଧମାଣ ଜମି
ଗୋଟେ ମିଛ ଆଶ୍ୱାସନା ।
ଦେଖିଚ, କେଉଁଠି ଦେବୀଙ୍କର, ଦେହୁରିଙ୍କର
ଥାଏ କ'ଣ ଜମି
ନା ଥାଏ ମୁଣ୍ଡ ଉପରେ ଛପର ମଥାନ ? ?
ସବୁ ଜମି ଭୋଗ ଭାଗ
ଦେବତାର, ପୂଜକର ।
ଧୁମା, ତମର ସବୁ ପ୍ରାପ୍ୟ, ପାଉଣା
ଅପହୃତ କାଳ ନିରବଧି ।
ଦେଶ କାହାର ଜାଣ ଧୁମା ପାତ୍ର
ଉଚ୍ଚା ପାଉଣା, ପଦବୀ, କ୍ଷମତା
ତରାସୁଥିବା ବାବୁ ଭାୟା ସିଆଣିଆଙ୍କର ।

■

ଫଣା

ସେମାନଙ୍କର ଫଁଫଁ ଫଣା
ଲହଲହ ଜିଭ, କ୍ରୋଧ ଜର୍ଜରକାୟା
ବାରମ୍ବାର ଦେଖିଚି ସାମ୍ନାରେ।
ନିବୁଜ ପେଡ଼ି ଭିତରେ
ବର୍ଷବର୍ଷ ରହି
ବିରୂପ ହୋଇଯାଇଚି ଫଣାର ଆକୃତି।
କେଳାର ଆଦେଶରେ, ନିର୍ଦ୍ଦେଶରେ
ମାରନ୍ତି ଚୋଟ, ହଲାନ୍ତି ଦେହ।
ଏବେ, ସେମାନଙ୍କ ଦେହର ତାପମାତ୍ରା
ଡେଇଁଗଲାଣି ଥର୍ମୋମିଟରର
ସବୁଯାକ ବିନ୍ଦୁ।

ସେମାନଙ୍କର ଉତ୍ତେଜିତ ଦେହ
ବଢ଼େଇଚି କେଳାର ବେପାର
ବଢ଼େଇଚି ଅଭାବୀ ମାଗଣ
କବଚ ର, ଡେଉଁରିଆର।
କ୍ରୋଧରେ ଥଲଥଲ ହେଉଚି
ସେମାନଙ୍କର ବିଷ ଭର୍ତ୍ତି ଥଳି।

ସେମାନେ ମୁକ୍ତ ଥିଲେ
ଗାତ, ଗଛ, ଅରଣ୍ୟ ଓ ଟିକିରା ସନ୍ଧିରେ।

କେଳାର ହାତେ ଲମ୍ୱର ବାଡ଼ି
କପଟୀ କୌଶଳ
ପେଡ଼ିବନ୍ଧ କରିଦେଲା
ଫଣୀ ଆୟୁଷ୍କାଳ।
ଶୁଂଘାଗଲା ଗଦ
ଭାଙ୍ଗି ଦିଆଗଲା ସବୁଯାକ
ବିଷଭରା ଦାନ୍ତ
ବୋଲମାନିବା ଛଡ଼ା
ନଥିଲା କିଛି ଚାରା କି ଉପାୟ।
ପଦ୍ମତୋଳାର ଉତ୍ତପ୍ତ ମନ୍ତ୍ର
କେଳାର ହଳଚଳ ଜଂଘ
କାଳକାଳ କରିଚି କିମିଆ।

ବୈଦିକ ଯୁଗରୁ ବିଜ୍ଞାନର ଅଭିଯାତ୍ରା ଦିଗ କମ୍ କି !
ମନ୍ତ୍ରତନ୍ତ୍ର ମନଭେଦୀ ଶ୍ଳୋକ ଠାରୁ
ତର୍କ ତର୍ଜମାର ସମୟ କମ୍ କି !
ସେମାନେ ଜାଣିଗଲେଣି ଉପାୟ
ଶିଖିଗଲେଣି ପେଡ଼ି ଖୋଲିବାର କାଏଦା
ଶୁଣିଲେଣି ମହାମୁକ୍ତିର ଧ୍ୱନି
ଆବିଷ୍କାର କଲେଣି
ପେଡ଼ିମୁକ୍ତିର ଗୋଟିଗୋଟି ଫର୍ମୁଲା
ଦେହସୁହା ହେଇଗଲାଣି ଗଦର ଗନ୍ଧ
ପଦ୍ମତୋଳାର ପ୍ରତ୍ୟେକ ଅକ୍ଷର
ଗଜୁରିଲାଣି ନୂଆ ନୂଆ ଦାନ୍ତ।

କାହାର ଏ କ୍ରୋଧିତ ଫଣା
ନାରୀ, ଦେବୀ, ସତୀ, ସର୍ପିଣୀ
କାହାର... କାହାର...
ଏବେ ଦେଖ,

ସେମାନଙ୍କର ସଞ୍ଚିତ ଶକ୍ତି, ନମନୀୟ କାୟା
କମରର ତାକତରେ
ଡେଇଁବେ ନିଶ୍ଚୟ ଉଚ୍ଚଡିଆଁ, ଲମ୍ବଡ଼ିଆଁ
ଏମିତିକି ଡେଇଁଯିବେ
ଗେଟ, ଗ୍ରିଲ୍, ଦୁର୍ଗ, ପ୍ରାଚୀର
ଗଡ଼ଖାଇ ଏପାଖ ସେପାଖ ।

ଗୋଟେ ମିଛ ପାଇଁ

ଗୋଟେ ମିଛ ପାଇଁ, ସେମାନେ ଜଳନ୍ତି ମରନ୍ତି
ବେଇଜ୍ଜତ ହୁଅନ୍ତି
ଘରେ, ବାହାରେ, ରାସ୍ତାରେ, ଲୋକଙ୍କ ସାମ୍ନାରେ ।
ଦଳିତ, ଜନଜାତି ଘରେ
ଜନ୍ମହେବା କ'ଣ ପାପ ?
କପଟରେ, କୌଶଳରେ
ପ୍ରତିପକ୍ଷ ଭେଦେଇ ଦେଇଚି, ଡାହାଣୀ ଭାବନା
ଅସବର୍ଣ୍ଣ ନାରୀ ମସ୍ତକରେ ।
ନାରୀ କେମିତି ହୁଏ ଡାହାଣୀ
ଗୁହ କେବେ ହେଲାଣି ନା ହେବ
ଅସବର୍ଣ୍ଣ ଅଙ୍ଗନାର ପ୍ରିୟତମ ଖାଦ୍ୟ ?
ମୁକୁଳା କରି କେଶ, ଦେହ
ସେ କ'ଣ ଯାଏ ଗୁହ ଚରିବାକୁ
କେବେକେବେ ପାହାନ୍ତା ରାତିରେ ।
ତା'ର ଦୃଷ୍ଟି କ'ଣ ବୋମାଠାରୁ ଭୟଙ୍କର
ଶବ୍ଦ କ'ଣ କର୍କଶ କଠୋର
ଶୁଣିବାକ୍ଷଣି ବେମାର ପଡ଼ନ୍ତି, ମରିଯାନ୍ତି
ଗାଁ ର ବାଳୁତ ।
ସେ କ'ଣ ସର୍କସର ଆଥ୍ଲେଟ୍
ମାଟିରେ ମୁଣ୍ଡ ଥାପି ଚାଲିପାରେ
ଘରଠାରୁ ବିଲ, ବିଲଠାରୁ ଘର ପିଣ୍ଡା ଯାଏ ?
ପ୍ରେତାତ୍ମା କ'ଣ ସବାର ହେଲାଣି ନା ହେବ

ବାଛିବାଛି ନୀଚ ଜାତି ମହିଳା ଶରୀର !
ଗୋଟେ ଗାଲୁଗଛର ଗରଳ
ସଞ୍ଚରି ଯାଇଚି ମଣିଷ ମଥାରେ
କାଳ କାଳାନ୍ତର
ହାୟ, ତା'ର ପରାଭବ ଭୋଗନ୍ତି ମହିଳା।
କାହାର ଉଚ୍ଚାସନ ଲାଗି
ସେମାନଙ୍କୁ ଫିଙ୍ଗା ଯାଇଅଛି
ବିଷ୍ଠା, ନର୍କ, ଅଳିଆ ଗଦାକୁ।
ଦୁଃଖ କ'ଣ ଜାଣ ?
ଗୋଟେ ଚାଲ୍ ଭେଳିକି, ପ୍ରବଞ୍ଚନାରେ
ପ୍ରତାରିତ ହେଉଚନ୍ତି ସାରା ବିଶ୍ୱ
ମହିଳା ସମାଜ।

■

ଅହ୍ୟ ଆବାଜ

ଶବ କ'ଣ ଦେଖେ
ଗଲାବେଳେ ଶବ ଶୋଭାଯାତ୍ରା
ଶ୍ମଶାନକୁ, ସ୍ୱର୍ଗଦ୍ୱାରକୁ, ନିଷ୍ପାପ ନଈର
ବିସ୍ତୃତ ପଠାକୁ ।
ଦେଖେ କ'ଣ ଶବ
ମୃତଦେହ, ପୋତାଗଲା, ପୋଡ଼ାଗଲା
ଉସାଗଲା, ଦାନ କରାଗଲା
ମେଡ଼ିକାଲ ଛାତ୍ରଛାତ୍ରୀ ଲାଗି ?
ଶବ କ'ଣ ଶୁଣେ
କେଉଁମାନେ ଉଚ୍ଚାରଣ କରୁଥିଲେ
ହରିବୋଲ, ରାମନାମ ଶବ୍ଦ
କେମିତିକା ଶୁଣାଯାଉଥିଲା
ବାଜୁଥିବା ଝାଞ୍ଜ, ମୃଦଙ୍ଗ, ନାଗରାର ଶବ୍ଦ ?
ଅହ୍ୟ ମୃତ୍ୟୁ ସହ
ଭାଗ୍ୟ, ପତିବ୍ରତା କିମ୍ବା ଆଦର୍ଶନାରୀର
ସମ୍ପର୍କ କ'ଣ ?
ସଫଳ କରିବା ଲାଗି ନାରୀ ଜନ୍ମ ବେଳା
ଅହ୍ୟ ମୃତ୍ୟୁ କ'ଣ ଏକାନ୍ତ ଦର୍କାର
ମୃତ୍ୟୁ କ'ଣ ଅହ୍ୟର ଅଧୀନ ?
ଶବ : ଅହ୍ୟର ହେଉକି ବିଧବା
ବାଳକର ହେଉକି ବାଳିକାର
ବାଲ୍ଯତର ହେଉକି ବାର୍ଦ୍ଧକ୍ୟର

ଜାଣିପାରେ କି ଶବ
ଏସବୁର ବିନ୍ଦୁ ବିସର୍ଗ ।
ସ୍ୱୀକାର କରେ କି ଅହ୍ୟର ଶବ
ଛଳ ଅବବୋଧର ଗୋଟିଗୋଟି ଶବ୍ଦ
ଡେଙ୍ଗୁରା ପଛର ନିନାଦିତ ସ୍ୱର
ନା ବୁଝିପାରେ
କପଟୀର କୁହୁଡ଼ିଆ ଚାଲ୍ ?

ନୀଳ ନକ୍ଷତ୍ର

ସାମ୍ନା ଦ୍ୱାରର ସତର୍କ ଦ୍ୱାରପାଳ ଥିଲା
ସ୍ୱର୍ଣ୍ଣଚୂଡ଼ ଉତ୍ତୁଙ୍ଗ ପାହାଡ଼
କୋଲଡ଼ିହା, ତିନିକୋଶିଆ ବଣ ଥିଲା
ତା'ର ଶକ୍ତ ପାଦ
ଥିଲା ରାଜବାଟି ରାଜୁଡ଼ା ଶାସନ
ଜଗନ୍ନାଥ ମନ୍ଦିରର ମୁକ୍ତ ମୁଖଶାଳା
ବର୍ଷୁଥିଲା ବରାବର ବରାଭୟ ବାଣୀ।

ଥିଲା ପ୍ରଜାମଣ୍ଡଳ, ଖଡ଼ପୁର, ବଣସୀମା ଚକଲାର
ଆଗ୍ନେୟ ସ୍ଫୁଲିଙ୍ଗ।
କୈଳାସ ମହାନ୍ତି, ବନ୍ଧୁ ମତ୍ତଗଜ, ଈଶ୍ୱର ଦାସ,
ବଳରାମ ରାଜ - ବନମାଳୀ ଦାସ, ଗୋକୁଳି ନାୟକ
ପ୍ରାଣବନ୍ଧୁ ଅଗସ୍ତି, କାଂଶ ଗ୍ରାମ ରାମ ବେହେରାଙ୍କ
ଗମ୍ଭୀର ଗର୍ଜନ
ପ୍ରକମ୍ପିତ କରିଥିବ, ଗଡ଼ଜାତ ମୋଟ କ୍ଷେତ୍ରଫଳ।

ପ୍ରଜା କି ବିପ୍ଳବୀ ଭୋଗିଥିବେ ରାଜତନ୍ତ୍ର
ଚାବୁକ ପ୍ରହାର, କାରାଗାର କଷ୍ଟ।
ହୁଏତ ନ ଥିବେ କେହି ଶିଳ୍ପୀ ସାହିତ୍ୟିକ
ଆଙ୍କିବାକୁ ସଂଘର୍ଷର ଚିତ୍ର
ଲେଖିବାକୁ ରାଜତନ୍ତ୍ର କଷଣର ଶବ୍ଦ
ଲହୁଲୁହାଣ ମଣିଷର ହାତୀଖେଦା ପୀଡ଼ା।

ଏବେ, ଭୂମିଭେଦି ଗର୍ଜୁରିଚି
ଶିଳ୍ପୀ ତୂଳି ସର୍ଜକ କଲମ।
କ'ଣ ସବୁ ସେମାନଙ୍କ ସର୍ଜନାର
ଶବ୍ଦ ରାଗ ସ୍ୱର ?
କାହା ପାଦ ବଢ଼ିଚି ଆଗକୁ
କିଏ ବସି ନିରେଖିଚି ଭୂମିଭୂମା ଚିତ୍ର
କିଏ ପୁଣି ପରଖିଚି ପ୍ରଥା ପରମ୍ପରା
ଆଉ କିଏ, ପ୍ରେମମୟ ପୃଥିବୀରେ ଓଦା ସରସର।

ନୀଳଗିରି,
ତମେତ ତ ବହୁବର୍ଣ୍ଣା ବିଚିତ୍ର ବର୍ଣ୍ଣାଳି
ମିଳିତ ସ୍ୱର ଲୟର ସମ୍ମୋହକ ବିନ୍ଦୁ
କେବେ ଲାଲ ତ କେବେ ସବୁଜ, ତ୍ରିରଙ୍ଗା
ଆଉ କେବେ ଗେରୁଆ ଗେରୁଆ।
ଶୁଣିଚି, ଆଦିବାସୀ-ଅଣ ଆଦିବାସୀ
ଭେଦାଭେଦ ବ୍ୟଥା।
ହେ ଗଡ଼ଜାତି ସ୍ରଷ୍ଟା
ନାରାୟଣ ମିଶ୍ର, କୃଷ୍ଣ ନାୟକ, ବିଶ୍ୱନାଥ ଦାସ
ବିଜୟ ମିଶ୍ର, ପ୍ରହରାଜ ସତ୍ୟନାରାୟଣ ନନ୍ଦ
ଭିକାରୀ ସେଠୀ, ଗଙ୍ଗାଧର ଦାସ, ଲୋଚନ ବେହେରା
ସମରେନ୍ଦ୍ର ନାୟକ, ଦୟାନିଧି ଦାଶ, ଭରତ ବେହେରା,
ଅନନ୍ତ ଜେନା, ବଂଶୀ ଚୌଧୁରୀ, ସୁବାସିନୀ ଜୀ,
ମୁକ୍ତିକାନ୍ତ ମିଶ୍ର, ଶରତ ମହାନ୍ତି, ଶରତ ମହାପାତ୍ର,
ସୁନୀଲ ମିଶ୍ର, କୃପାସିନ୍ଧୁ ଦାସ, କୁଳମଣି ବାରିକ,
ଉପେନ୍ଦ୍ର ବିଶ୍ୱାଳ, କାର୍ତ୍ତିକ ବାରିକ, ନିତ୍ୟାନନ୍ଦ ପାଣିଗ୍ରାହୀ,
ଅଜୟ ସ, ପରମାନନ୍ଦ ତ୍ରିପାଠୀ
ଢେଙ୍ଗା ପିଆଶାଳ ଗାଁ ଜ୍ୱାଇଁ
ବାଞ୍ଛାନିଧି ଦାସଙ୍କର ବନମାଳୀ ଜୀବନୀ
ସାଇତି ରଖିଚି ନୀଳଗିରି ମାଟି।

ଦୁଃଖ କ'ଣ ଜାଣ ନୀଳଗିରି
ଚେତନାକୁ ହଲଚଲ କରିପାରୁଥିବା
ମୁକ୍ତି ଏବଂ ସ୍ୱାଧୀନତା ସଂଗ୍ରାମର
ଗଣବାର୍ତ୍ତା କ୍ୱଚିତ୍ ଛୁଇଁଚି
ସର୍ଜକର ସର୍ଜନା ଭୂଇଁକୁ।

ତଳ ଥାକ

ତମର ବେଶଭୂଷା, ଚାଲିଚଳନ
ବିଷାଦ ଓ ନିରବ ରୋଦନ
ବାରବାର ଦେଖିଚି ସବୁଠି
ଗାଁ, ବସ୍ତି, ଛକ, ବଣ, ପାହାଡ଼, ପତଡ଼ା
ଆରଣ୍ୟକ ନୁଆଣିଆ ପଲା।
ତଳିପାରୁ ତାଲୁଯାଏ ପଢ଼ିଚି ତମକୁ
ସତରେ କେତେ ଉଦାସ ବିରସ
ତମର ଦୈନିକ ଖଟଣି।
କାହାକୁ ଦେଖା ଯାଏନି ତମର
ଅଭୁକ୍ତି, ଅପ୍ରାପ୍ତି, ଅବସନ୍ନ ମୁହଁ,
ସମସ୍ତଙ୍କ ହୃଦୟ ପେଡ଼ିରେ
ଯେମିତି ପଡ଼ି ଯାଇଚି ବଡ଼ବଡ଼ ତାଲା
ଡୋଳାରେ ଘୋଟିଯାଇଚି କଠିନ ପରଳ।
ଏ ପାଖରେ, ଖୋଲାଅଛି ମୋ ଘର
ଦୁଆର ଝରକା
ଆକଳନ କରିବାକୁ
ନିଃସ୍ୱ ନିର୍ଦ୍ଧନ ବାଟୋଇର
ଅଙ୍କାବଙ୍କା ଚିତ୍ର।
ଆର ପାଖରେ, ପ୍ରତିପକ୍ଷର ଗର୍ଜନ ତର୍ଜନ
ଢାଙ୍କି ପକେଇଚି, ତମର ହସଖୁସି
ଗୁମାନ ଗରଜ,
ସେମାନେ ବଡ଼କୁହା

ଛଳ, କପଟ, କର୍ମଫଳ, ପୂର୍ବଜନ୍ମ
ଶବ୍ଦ କହିକହି, ଅସ୍ୱୀକାର କରିଆସିଚନ୍ତି
ତମର ପ୍ରାପ୍ତି, ହକ୍, ଲାଭାଂଶ ଯେତେକ।
ସେମାନେ ମଳିଦେବାକୁ ନାରାଜ
ଦୈବାତ୍ କମିଯିବ ଦେହର ଓଜନ
ଦୈବାତ୍ କମିଯିବ ହସଖୁସି ଆନନ୍ଦ ଉଲ୍ଲାସ।
ଏକବିଂଶରେ ବି
ତମେ କ'ଣ ଜାଣିନାହଁ ପାନ୍ଥ
ଅସୁଲ କରିବା ଲାଗି, ପ୍ରାପ୍ୟ, ହକ୍
ଅନାଦେୟ ଅଂଶ
ଚାଲିବାକୁ ହେବ ପଥ ବହୁଦୂର
ଅତିକ୍ରମ କରିବାକୁ ହେବ
ସାରାକାଳ ମନ୍ଦ ପାଣିପାଗ।

■

ସ୍ୱରର ରଙ୍ଗ

ସ୍ୱରର ରଙ୍ଗ ଏମିତି ଯେ...
ତତ୍କାଳ ଭେଦିଯାଏ
ଚେତନାର ସବୁସବୁ ବିନ୍ଦୁ।
ସ୍ୱରର ରଙ୍ଗ କ'ଣ
ପ୍ରେମ, ପ୍ରାର୍ଥନା, ପ୍ରତାରଣା, ପ୍ରତିବାଦ
ନା, ଆଉ କ'ଣ ?
ସ୍ୱର ସବୁ ଶୁଣାଯାଏ
ସକାଳ, ଦିପହର, ରତ ରତ ବେଳା।
ସ୍ୱର : ରଙ୍ଗଯୁକ୍ତ, ବର୍ଣ୍ଣଯୁକ୍ତ, ସ୍ୱାଦ ମହମହ
କେବେ ଟାଣେ ଆଗକୁ ତ
ଆଉ କେବେ ଘୋଷାରେ ପଛକୁ
ଟଣା ଘୋଷରା ଭିତରେ ତା'ର ବିଚରଣ।
ସ୍ୱର : ହେଇପାରେ ସୁଖ ଦୁଃଖ, ହସକାନ୍ଦ
ବେଦନା ଓ ବାହୁନାର ବେଳ
ଆଖି ପିଛୁଳାକ ଭେଦିଯାଏ
ଆଖିକୁ, ଅଭ୍ୟନ୍ତରକୁ, ଅନ୍ତରୀକ୍ଷକୁ।
ବିଧାତାର ସ୍ୱର, ସ୍ୱନ, ଶବ୍ଦ
ଶୁଣାଯାଏ କ୍ୱଚିତ କଦବା
କାହାକାହା ନିଃଶ୍ଚଳ କାନକୁ,
କ'ଣ ତା'ର ନିଜସ୍ୱ ବିଭବ ?
ରଙ୍ଗହୀନ, ବର୍ଣ୍ଣହୀନ, ସୁରଭିତମୟ

ବାସ୍ନେଇ ଦେଉଥାଏ ଦଶଦିଗ
ମନ ପ୍ରାଣ ଦୃଷ୍ଟି
ଦେହରେ ମନରେ ସଞ୍ଚରିତ ହୁଏ
କୁଣ୍ଢେକୁଣ୍ଢେ ବଳ
ପ୍ରଜ୍ୱଳିତ କରୁଥାଏ
ଅକଳନ ଆଶା ଆଶ୍ୱାସନା
ଚାଲୁଥିବା ଯାଏ ଶେଷତମ
ନିଃଶ୍ୱାସ ପ୍ରଶ୍ୱାସ ।

ବିଲରେ ଖଳା : ବାଡ଼ିରେ ଖାଦାନ

ସମୟର ଘୋଡ଼ା ଧାଇଁଚିତ ଧାଇଁଚି
ସ୍ରୋତର ଅନନ୍ତ ପ୍ରବାହ
ବୋହୁଚିତ ବୋହୁଚି
କିଏ ରୋଧିବ ତା'ର ଗତି, ଅଗ୍ରଗତି ?
ଉଭୟର ବେଗ, ପ୍ରବାହ
ଏମିତି ବଦଳିଚି ଯେ...
ଚିହ୍ନି ହେଉନି ଆଗପଛ ଭିତର ବାହାର
ବଦଳିଚି ସବୁସବୁ ଥାନ, ଠିକଣା
ଖଳାବାଡ଼ି, ଘରଦ୍ୱାର, ହାଟବାଟ
ଖାଦାନ ବିପଣି।
ଏଇ କେତେବର୍ଷ ହେଲା
ଖଳା ଘୁଞ୍ଚିଯାଇଚି ବିଲକୁ, ମଝିବିଲକୁ
ବିଲ ପାଲଟିଚି ଅମଳ ଓ ଉତ୍ପାଦର
ବିକାକିଣା ସ୍ଥଳ।
ହିଡ଼ମୁଣ୍ଡରୁ ବଣିକର ଟ୍ରାକ୍ଟର
ମୂଲେଇନିଏ ଠିଆଠିଆ
ସୁନାଶସ୍ୟ ସୁଲଭ ଦରରେ
ଜଳକା ହୋଇ ଚାହିଁଥାଏ ଚାଷୀ।
ଭଲ ହେଲା, ଖଳା ଘୁଞ୍ଚିଗଲା ମଝି ବିଲକୁ।
କାହିଁ କେତେ କାଳରୁ
ଗୋବରରେ ବାରବାର ଖଳା ଲିପା କଷ୍ଟ
ଓହ୍ଲେଇଲା ଚାଷୁଣୀ ହାତରୁ

ଏବେ ଆରାମରେ ନିଃଶ୍ୱାସ ନେବାକୁ
ମିଳିବ ସମୟ ।
ପଥର ଭଙ୍ଗା ଥାନ ତ ଖାଦାନ !
ଖାଦାନ ଘୁଞ୍ଚି ଯାଇଚି
ପାହାଡ଼ ପାଦଦେଶରୁ ରାସ୍ତାପାଖ ପଦାକୁ; ବାଡ଼ିକୁ ।
ରିଜର୍ଭ ହେଇଗଲାଣି ପାହାଡ଼ ଜଙ୍ଗଲ
ବନ୍ଦ ହେଲାଣି ଖଣି, ଖାଦାନ, ଶିକାର ।
ଭଲ ହେଲା, ଖାଦାନ ଘୁଞ୍ଚିଗଲା ପହଞ୍ଚ ଜାଗାକୁ
ଅରଣ୍ୟରେ କଅଁଳିବ ଥୁଣ୍ଟା ଗଛଲତା
ମହୁମାଛି ସଞ୍ଚୟ କରିବେ ଫେଣାଫେଣା ମହୁ
ନିର୍ଭୟରେ ଏଠିସେଠି ବିଚରିବେ
ବଣ ପଶୁପକ୍ଷୀ
ମହୁଲ ଫୁଲ ବାସ୍ନାରେ ଚହଟିବ
ସାରା ବଣ ଭୂଇଁ
ଆଉ ଥରେ ଦିଶିବ ଅରଣ୍ୟ ସବୁଜ ସବୁଜ ।

ଶବ୍ଦ ନିଃଶବ୍ଦ

ଶବ୍ଦ ନା ନିଃଶବ୍ଦ
କାହାର ତରଙ୍ଗିତ ବେଗ
ଭେଦିଯାଏ କୋଶକୋଶ ଯୋଜନ ଯୋଜନ
ବିନ୍ଦୁଠାରୁ ଆବିଶ୍ୱ ବ୍ରହ୍ମାଣ୍ଡ।
କିଛି କମ୍ ନୁହେଁ ନିଃଶବ୍ଦ ନିରବତାର
ବେଗ ଓ ପ୍ରଭାବ
କ୍ଷଣକରେ ଚହଲେଇଦିଏ
ଅବଚେତନାର ଗଭୀର ମଞ୍ଜୀକୁ।
ସ୍ମରଣ କର ତ !
୧୯୩୦ ମସିହା 'ଗ୍ରେଟ୍ ଡିପ୍ରେସନ' ସମୟର
ୟୁରୋପ, ଆମେରିକା ଅର୍ଥନୀତି ସ୍ଥିତି
ବେକାର, ବେରୋଜଗାରର କଳାଛାଇ ଦୟନୀୟ ଦୃଶ୍ୟ
ଫାଙ୍କା କରି ଦେଇଥିବ କେତେକେତେ ହାତ।

ଉପଶମ ଲାଗି
ପରିକ୍ରମା କରିଥିବ, ନିଃଶବ୍ଦ ଶୋଭାଯାତ୍ରାର
ଲମ୍ବାଲମ୍ବ ଧାଡ଼ି, ଅଧାବିଶ୍ୱ ସହର ନଗର
ସାଥିରେ ଥିବ, ହାତ ଅକ୍ଷରରେ ଲେଖା
ପ୍ଲାକାର୍ଡ଼, ବ୍ୟାନର।
ନିଃଶବ୍ଦ ଶୋଭାଯାତ୍ରାର ଗର୍ଭ ଜରାୟୁରୁ
ଜନ୍ମ ନେଇଥିବ, ଆମେରିକା ରାଷ୍ଟ୍ରପତି
ରୁଜ୍ ଭେଲଟ୍‌ଙ୍କର 'ନିଉଡ଼ିଲ' ଅଭିନବ ସୂତ୍ର

କି କେମ୍ବ୍ରିଜ୍‌ର ଅର୍ଥଶାସ୍ତ୍ରୀ
ଜନ୍ ମେନାଡ଼କେନ୍‌ସଙ୍କ 'ଗାତ ଖୋଳପୋତ' ପରି
ବହୁବିଧ ତାତ୍କାଳିକ ସୂଚୀ
ସେଇକ୍ଷଣି ଅନୁଭବ କରିଥିବ
ବିଶ୍ୱର ମଗଜ
ନିଃଶବ୍ଦର ଚୁମ୍ବକୀୟ ଶକ୍ତି ।

BLACK EAGLE BOOKS

www.blackeaglebooks.org
info@blackeaglebooks.org

Black Eagle Books, an independent publisher, was founded as a nonprofit organization in April, 2019. It is our mission to connect and engage the Indian diaspora and the world at large with the best of works of world literature published on a collaborative platform, with special emphasis on foregrounding Contemporary Classics and New Writing.

www.ingramcontent.com/pod-product-compliance
Lightning Source LLC
Chambersburg PA
CBHW020544080526
44583CB00013B/989
* 9 7 8 1 6 4 5 6 0 3 0 1 6 *